1000

CURIOSIDADES
INCREÍBLES

SEGUNDA EDICIÓN
DK Delhi
Asistencia de arte sénior Diya Varma
Documentación iconográfica sénior Sumedha Chopra
Subdirección ejecutiva de arte Shreya Anand
Dirección ejecutiva de arte Govind Mittal
Edición de producción Jaypal Singh Chauhan
Diseño de cubierta Juhi Sheth
Diseño de maquetación Mrinmoy Mazumdar, Anita Yadav
Coordinación de maquetación Vishal Bhatia
Coordinación de cubiertas sénior Priyanka Sharma Saddic

DK Londres
Edición sénior Shaila Brown
Edición sénior EE UU Kayla Dugger
Edición ejecutiva EE UU Lori Cates Hand
Edición de arte sénior Jacqui Swan
Edición ejecutiva Rachel Fox
Edición ejecutiva de arte Owen Peyton Jones
Control de producción Laura Andrews
Diseño de cubierta Akiko Kato
Dirección de desarrollo de diseño de cubiertas
Sophia MTT
Dirección editorial Andrew Macintyre
Subdirección editorial Liz Wheeler
Dirección de arte Karen Self
Dirección de publicaciones Jonathan Metcalf

Textos Andrea Mills

Contenidos publicados previamente
en *¡Increíble pero cierto!*

PRIMERA EDICIÓN
Edición sénior Rob Houston
Edición Helen Abramson, Wendy Horobin,
Steve Setford, Rona Skene
Diseño David Ball, Peter Laws,
Clare Marshall, Anis Sayyed, Jemma Westing
Ilustración Adam Benton, Stuart Jackson-Carter,
Anders Kjellberg, Simon Mumford
Retoque creativo Steve Willis
Documentación iconográfica Aditya Katyal,
Martin Copeland
Diseño de cubierta Jessica Bentall,
Laura Brim, Jemma Westing
Edición de cubierta Manisha Majithia
Dirección de desarrollo de diseño de cubiertas
Sophia M. Tampakopoulos Turner
Preproducción Rebekah Parsons-King
Control de producción Mandy Inness
Edición ejecutiva de arte Philip Letsu
Edición ejecutiva Gareth Jones
Dirección editorial Andrew Macintyre
Dirección de arte Phil Ormerod
Subdirección de publicaciones Liz Wheeler
Dirección de publicaciones Jonathan Metcalf

Textos Andrea Mills

De la edición en español:
Servicios editoriales Tinta Simpàtica
Traducción Antón Corriente Basús, Anna Nualart
Coordinación de proyecto Helena Peña
Dirección editorial Elsa Vicente

Publicado en Estados Unidos en 2024 por DK Publishing
1745 Broadway, 20th Floor, New York, NY 10019
Parte de Penguin Random House

Copyright © 2013, 2024 Dorling Kindersley Limited
© Traducción española: 2014, 2025 Dorling Kindersley Ltd
001-345648-Apr/2025

Título original: *1,000 Amazing World Facts*
Segunda edición: 2025

ISBN: 978-0-5939-6315-9

Impreso y encuadernado en China

www.dkespañol.com

CONTENIDOS

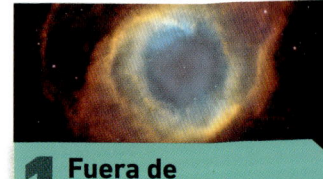

1 Fuera de este mundo

2 Tierra asombrosa

3 Humanos y otras formas de vida

4 Hitos de la ingeniería

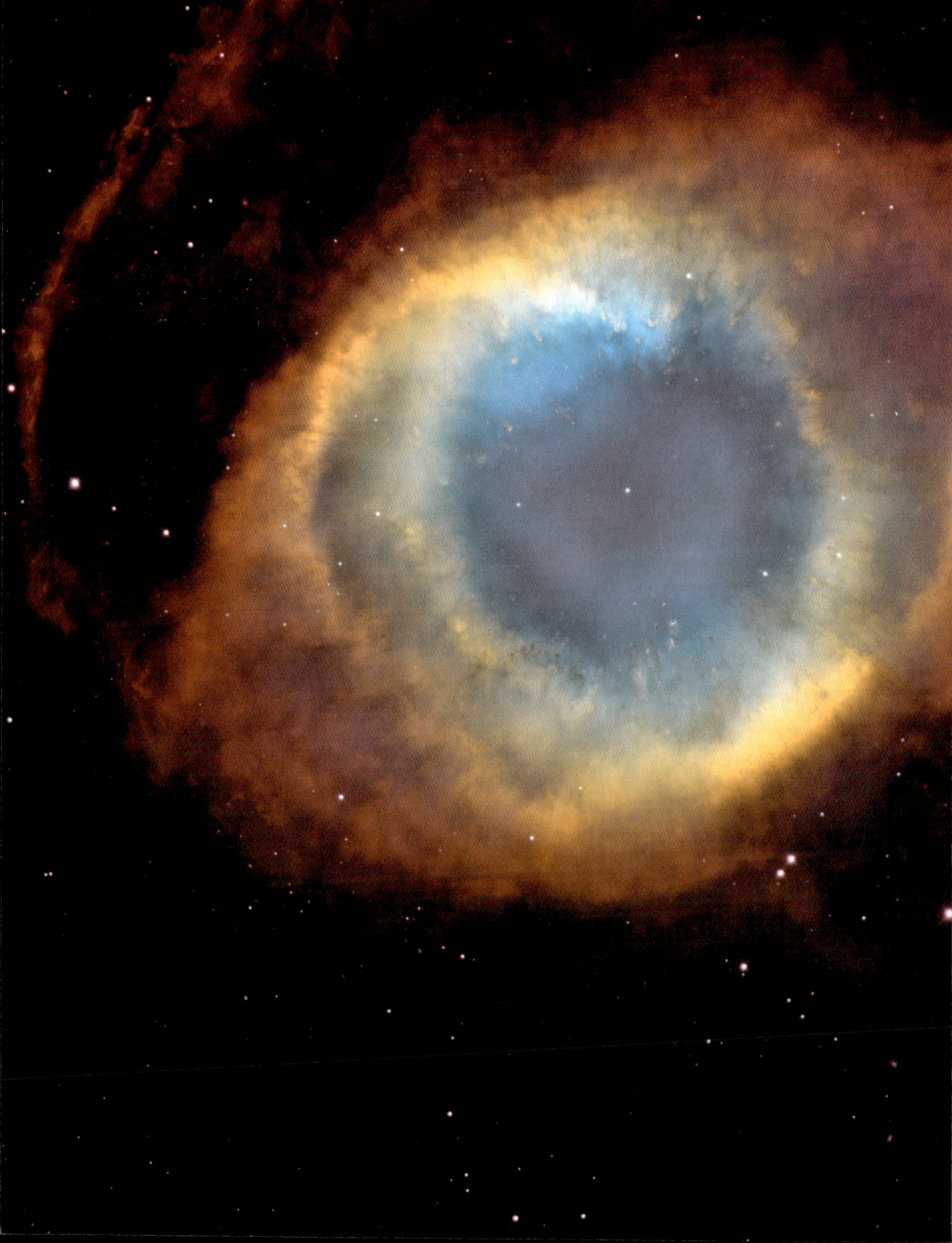

Fuera de este mundo

Más allá de la seguridad del planeta Tierra, el espacio es un lugar verdaderamente hostil: vasto, sin aire y muy frío. Pero el espacio está lleno de objetos asombrosos, desde lunas misteriosas y fogosas estrellas hasta centelleantes cometas y asteroides.

La nebulosa de la Hélice está formada por enormes discos de gas y polvo procedentes de una estrella moribunda. Se expande a casi 115 000 km/h, unas 15 veces la velocidad del avión más rápido de todos los tiempos, el X-15 estadounidense.

¿CUÁN GRANDE ES
EL SOL?

El **diámetro** medio del **Sol** es de **1 391 016 km**, y su masa es **333 000 veces** la de la **Tierra**.

En el diámetro del Sol cabrían 109 Tierras.

MANCHAS SOLARES

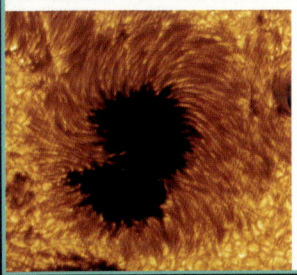

Las manchas solares son áreas del Sol en las que un potente campo magnético impide que el gas caliente suba a la superficie. Cuando aumentan, cada 11 años, el intenso magnetismo puede afectar las señales de radio en la Tierra.

EL SOL TIENE UNOS 4600 MILLONES DE AÑOS. **BRILLARÁ** UNOS 5000 MILLONES DE AÑOS MÁS.

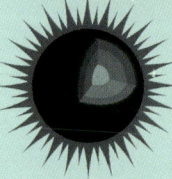

LA ENERGÍA DEL **NÚCLEO** TARDA MÁS DE 100 000 AÑOS EN LLEGAR A LA SUPERFICIE.

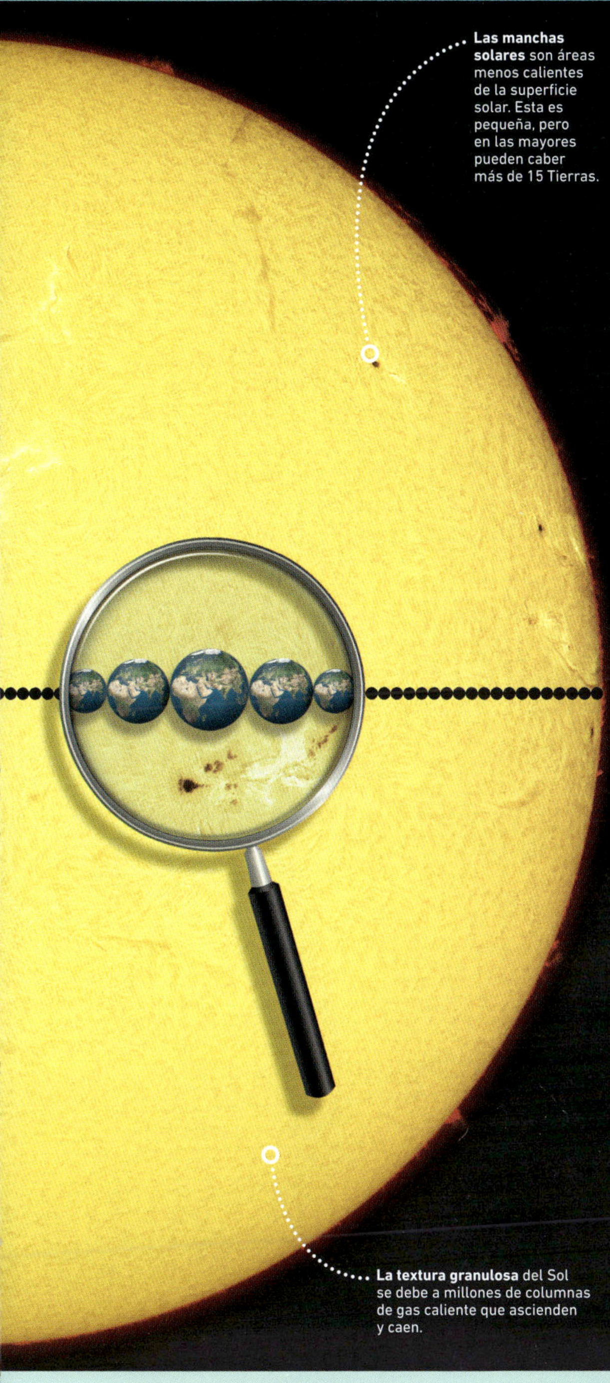

Las manchas solares son áreas menos calientes de la superficie solar. Esta es pequeña, pero en las mayores pueden caber más de 15 Tierras.

DATOS

Las erupciones solares son explosiones que suelen proyectarse hasta 100 000 km, unas ocho veces el diámetro de la Tierra.

Sol

El Sol tarda unos 225 millones de años en completar la órbita en torno al centro de la Vía Láctea. Ha realizado este viaje 20 veces desde que se formó, hace unos 4600 millones de años.

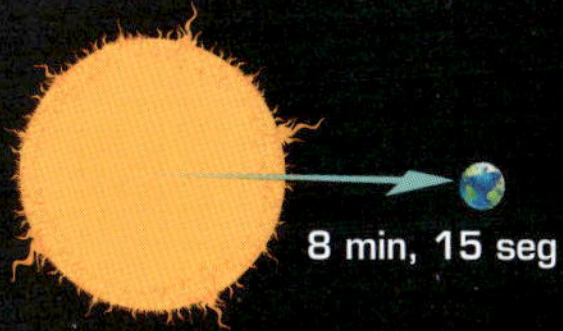

8 min, 15 seg

La luz tarda 8 minutos y 15 segundos en viajar desde el Sol hasta la Tierra, 43 minutos hasta Júpiter y unas 4 horas y 15 minutos hasta Neptuno.

La textura granulosa del Sol se debe a millones de columnas de gas caliente que ascienden y caen.

SI PUDIERAS ESTAR SOBRE EL SOL, **PESARÍAS** MUCHO MÁS QUE EN LA TIERRA.

LA ESTRELLA **VY CANIS MAJORIS** ES AÚN MÁS GRANDE QUE EL SOL: DENTRO DE ELLA CABRÍAN 3000 MILLONES DE SOLES.

¿CUÁN GRANDE ES
LA LUNA?

El **diámetro de la Luna** es de **3475 km**, una **cuarta parte** del de la **Tierra**, y el área de su superficie es **13 veces menor**.

El cráter de Copérnico, uno de los mayores de la Luna, tiene un diámetro de 93 km.

ENCAJE PERFECTO

El Sol tiene 400 veces el diámetro de la Luna, pero por una coincidencia asombrosa, está 400 veces más lejos de la Tierra que la Luna. Así, vistos desde la Tierra durante un eclipse, el Sol y la Luna parecen exactamente del mismo tamaño.

Australia

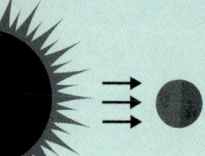

DE NOCHE, LA LUNA PARECE QUE **BRILLE**, PERO NO PRODUCE LUZ PROPIA, SINO QUE REFLEJA LA DEL SOL.

LOS **TERREMOTOS LUNARES** PUEDEN LLEGAR A DURAR MÁS DE 10 MINUTOS.

La Luna es el quinto mayor satélite del sistema solar, después de tres lunas de Júpiter y una de Saturno; es el mayor satélite del sistema solar en relación con su planeta. Orbita a unos 384 399 km de la Tierra.

El Mar de la Tranquilidad es una llanura de lava que se solidificó hace unos 4000 millones de años. Es algo mayor que las islas Británicas.

La Luna es casi tan ancha como Australia, cuya anchura máxima es de 3983 km.

DATOS

La Tierra tiene 12 756 km de anchura en el ecuador, donde podrían alinearse cuatro Lunas.

Si no hubiera huecos, en el globo terráqueo cabrían 50 Lunas.

Harían falta 81 Lunas para equilibrar una balanza con la Tierra en un plato. Esta es mucho más pesada, pues tiene un núcleo de hierro sólido tan ancho como dos Lunas.

LAS **HUELLAS** DE LOS ASTRONAUTAS AÚN SE VEN EN LA LUNA, SIN VIENTO NI LLUVIA QUE LAS BORRE.

LOS CIENTÍFICOS CREEN QUE LA LUNA SE HA IDO **ENCOGIENDO** PARA FORMAR SUS ARRUGAS: LAS FALLAS DE EMPUJE.

¿CUÁN GRANDES SON LOS
PLANETAS?

Los **planetas** de nuestro sistema solar tienen **tamaños diversos**. Algunos son **pequeños y rocosos**; otros, enormes **esferas de gas**.

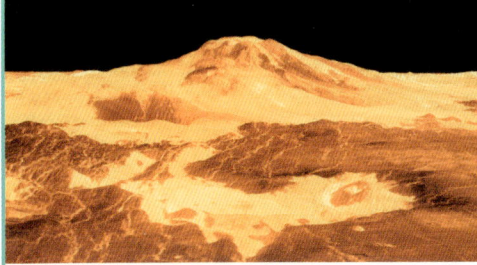

Venus tiene casi el mismo tamaño y masa que nuestro planeta, pero es muy distinto. Su atmósfera es densa y tóxica, y su temperatura superficial es de 464 °C, suficiente para fundir el plomo.

Júpiter, el mayor planeta, tiene un diámetro de 139 833 km y se compone básicamente de nubes de gas en movimiento.

La Tierra tiene un diámetro medio de 12 742 km y, como casi todos los planetas, es un poco más ancha en el ecuador. Es el mayor de los planetas rocosos.

URANO ES EL PLANETA MÁS FRÍO DEL SISTEMA SOLAR, CON TEMPERATURAS DE HASTA -224 °C.

EL PRIMERO QUE VIO, EN 1610, LOS **ANILLOS DE SATURNO**, FUE EL ITALIANO GALILEO GALILEI.

DATOS

Venus y Urano giran en dirección opuesta a los demás planetas. El eje de rotación de Urano, además, está muy inclinado, por lo que parece girar en un sentido u otro según el polo que se mire.

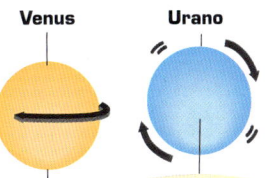

Venus   Urano

Saturno es el segundo mayor planeta, con 116 464 km de diámetro. Se compone sobre todo de los gases hidrógeno y helio.

Los anillos de Saturno se componen de polvo, roca y hielo. Tienen un diámetro de 480 000 km, pero solo 1 km de grosor.

Urano tiene 50 724 km de diámetro y es el planeta más lejano visible sin telescopio. Se compone sobre todo de gas, que rodea un pequeño núcleo rocoso.

Neptuno se compone de gas muy frío. Con un diámetro de 49 244 km, es el planeta más alejado del Sol.

Venus es un planeta rocoso y, con 12 104 km de diámetro, es casi tan grande como la Tierra.

El **diámetro de Mercurio es 29 veces menor** que el de Júpiter.

Marte tiene 6799 km de diámetro. Se conoce como el «planeta rojo» debido al color herrumbroso de su suelo, rico en hierro.

Mercurio es el menor de los planetas, con tan solo 4879 km de diámetro. Es rocoso y es el más cercano al Sol.

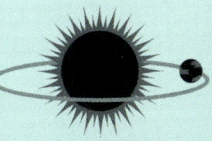

CON VIENTO DE MÁS DE 2000 KM/H, **NEPTUNO** ES EL PLANETA MÁS VENTOSO DEL SISTEMA SOLAR.

MERCURIO ES EL PLANETA QUE ORBITA ALREDEDOR DEL SOL A MÁS VELOCIDAD.

DATOS

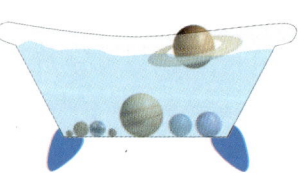

Aunque Saturno es el segundo mayor planeta, no es muy denso: en una bañera llena de agua y lo bastante grande, flotaría, mientras que todos los demás planetas, incluido Júpiter, se hundirían.

Ganímedes   Mercurio   Luna

Júpiter tiene al menos 92 lunas. La mayor, Ganímedes, es también la mayor luna del sistema solar, mayor que el planeta Mercurio y que nuestra propia Luna.

Unas 11 Tierras cabrían a lo largo del diámetro de Júpiter.

Júpiter se compone en gran parte de gas, con un pequeño núcleo rocoso. Su masa es dos veces y media la suma de la de todos los demás planetas juntos.

Bandas de nubes se forman al girar Júpiter, que rota una vez cada 10 horas, más rápido que los demás planetas.

NUBES TURBULENTAS DE AMONÍACO Y AGUA SE ARREMOLINAN EN JÚPITER A 523 KM/H.

JÚPITER TIENE EL DÍA MÁS CORTO DE TODO EL SISTEMA SOLAR: UN DÍA SOLO DURA **10 HORAS**.

Dentro de **Júpiter** cabrían más de **1320** Tierras.

¿CUÁN GRANDE ES
JÚPITER?

Júpiter es el **mayor planeta** del sistema solar, con un **diámetro** de **139 833 km**, una **circunferencia** de **439 298 km** y un **volumen** total de **1431 billones de km³**.

GRAN MANCHA ROJA

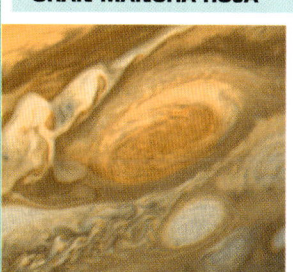

La Gran Mancha Roja es una enorme tormenta en la atmósfera del planeta Júpiter. Se extiende más de 20000 km: en ella cabrían dos o tres Tierras.

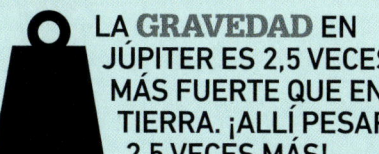

LA **GRAVEDAD** EN JÚPITER ES 2,5 VECES MÁS FUERTE QUE EN LA TIERRA. ¡ALLÍ PESARÍAS 2,5 VECES MÁS!

LA **PRESIÓN** EN EL CENTRO DE JÚPITER EQUIVALE AL PESO DE UNOS 160 000 AUTOS APILADOS.

¿CUÁN GRANDE ES UN
ASTEROIDE?

Los asteroides varían mucho de tamaño, desde rocas de unas **decenas de metros** hasta gigantes como **Vesta (573 km** de anchura) y **Ceres (950 km** de anchura). **Ceres** es considerado también un **planeta enano.**

Esta montaña es una de las cumbres más altas del sistema solar.

Estados Unidos

BÓLIDO DE CHELYABINSK

Cuando un asteroide entra en la atmósfera terrestre recibe el nombre de meteoro. En 2013, un meteoro de unos 17 m de anchura explotó sobre Rusia, rompiendo ventanas y dañando edificios con el efecto de su onda expansiva.

Las posibilidades de que un objeto del tamaño de Vesta alcance nuestro planeta son muy remotas. Si eso ocurriera, el impacto sería tan catastrófico que no sobreviviría ser vivo alguno. El asteroide que acabó con los dinosaurios hace 65 millones de años solo tenía 15 km de anchura.

CERES TIENE UNA SUPERFICIE PRÁCTICAMENTE TAN GRANDE COMO LA INDIA.

CERES PODRÍA TENER AGUA BAJO LA SUPERFICIE, LO QUE NOS DARÍA PISTAS SOBRE LOS OCÉANOS DE LA TIERRA.

La superficie de Vesta fue estudiada con detalle por la sonda Dawn, que se lanzó en 2011, pasó un año orbitando en torno al asteroide y reveló que estaba cubierto de surcos y cráteres.

··· **Esta hilera** de tres grandes cráteres se conoce como «muñeco de nieve», que aquí aparece cabeza abajo.

Vesta es tan ancho como larga es la península de Florida.

Florida

Bahamas

DATOS

1 Ceres
2 Palas
3 Juno
4 Vesta
5 Astraea
6 Hebe
7 Iris
8 Flora
9 Metis
10 Higía
Luna

Los 10 primeros asteroides hallados recibieron los números del 1 al 10 como parte de su nombre. Incluso el mayor, Ceres, es mucho menor que la Luna.

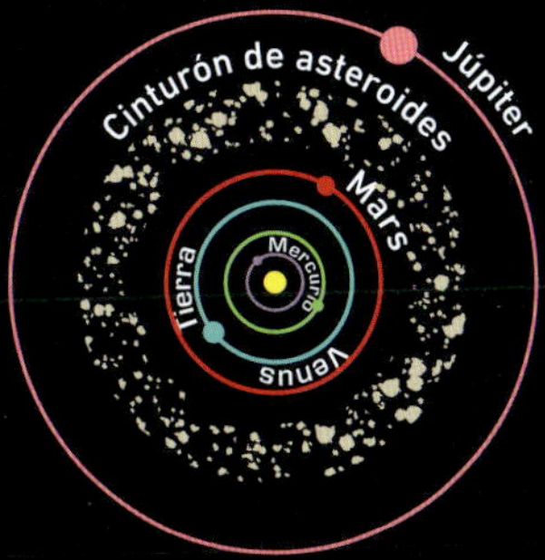

Cinturón de asteroides
Júpiter
Mars
Tierra
Mercurio
Venus

El cinturón de asteroides, entre Júpiter y Marte, contiene millones de asteroides de varios tamaños en órbita alrededor del Sol.

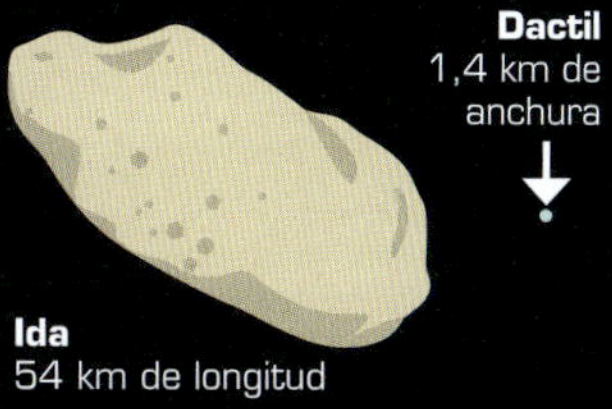

Dactil
1,4 km de anchura

Ida
54 km de longitud

Algunos asteroides tienen lunas. En el año 1994, por ejemplo, los científicos descubrieron que el asteroide Ida tenía una pequeña luna, a la que llamaron Dactil.

VESTA ES EL ASTEROIDE MÁS BRILLANTE DEL CIELO NOCTURNO, Y A VECES SE PUEDE VER A SIMPLE VISTA DESDE LA TIERRA.

LA SONDA DAWN DE LA NASA FUE LA PRIMERA EN ORBITAR DOS MUNDOS: VESTA Y CERES.

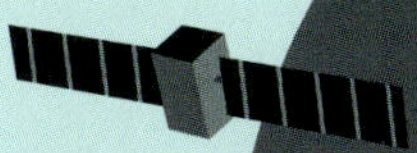

¿CUÁN GRANDE ES
UN COMETA?

El **núcleo** de un cometa es **pequeño**, pero el **polvo** y los **gases** que lo rodean (la **coma**) pueden llegar a medir **100 000 km**.

Júpiter
139 833 km
de diámetro

IMPACTO VIOLENTO

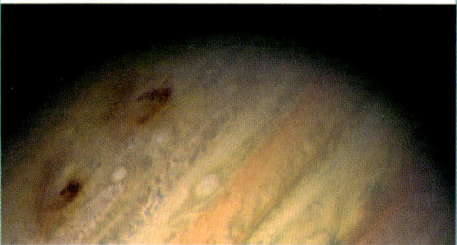

La mayoría de los cometas giran alrededor del Sol, pero algunos son atraídos por la fuerza gravitatoria de Júpiter. En julio de 1994, fragmentos del cometa Shoemaker-Levy 9 chocaron contra Júpiter, dejando una hilera de manchas oscuras allí donde colisionaron con su atmósfera.

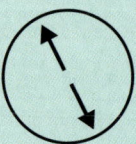

LA **COLA DE UN COMETA** PUEDE TENER UNA LONGITUD DE MUCHOS MILLONES DE KILÓMETROS.

CON UN DIÁMETRO DE 129 KM, EL COMETA **BERNARDINELLI-BERNSTEIN** ES EL DE NÚCLEO MÁS GRANDE.

DATOS

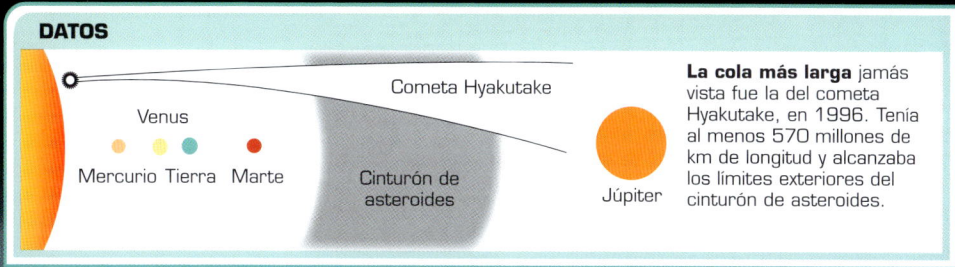

Cometa Hyakutake

Venus

Mercurio Tierra Marte

Cinturón de asteroides

Júpiter

La cola más larga jamás vista fue la del cometa Hyakutake, en 1996. Tenía al menos 570 millones de km de longitud y alcanzaba los límites exteriores del cinturón de asteroides.

El núcleo de un cometa suele medir menos de 10 km de diámetro, pero está rodeado de una gran coma de polvo y gases.

La **coma** de un cometa puede ser ancha como el planeta **Júpiter**, el mayor del **sistema solar**.

Los cometas pasan la mayor parte de su existencia como pequeños cuerpos helados que orbitan en las regiones exteriores del sistema solar. La órbita de algunos de ellos, no obstante, los precipita hacia el interior. Al acercarse un cometa al Sol, su hielo se convierte en gas y sale despedido del núcleo por el viento solar, formando una cola. El polvo que sale del cometa crea una segunda cola, que se extiende justo detrás de él.

UNO DE LOS COMETAS MÁS PEQUEÑOS, EL **HARTLEY 2**, TIENE UN DIÁMETRO DE 1,6 KM.

EN 2014, ROSETTA-PHILAE FUE LA **PRIMERA NAVE** EN ORBITAR UN COMETA: EL 67P/C-G.

¿CUÁL ES EL MAYOR
CAÑÓN?

El Valles Marineris de **Marte** tiene hasta **7 km** de **profundidad** y más de **4000 km** de **longitud**. El **Gran Cañón** del Colorado cabría en él **nueve veces**.

Si el **Valles Marineris** estuviera en Norteamérica, iría del **Atlántico** al **Pacífico**.

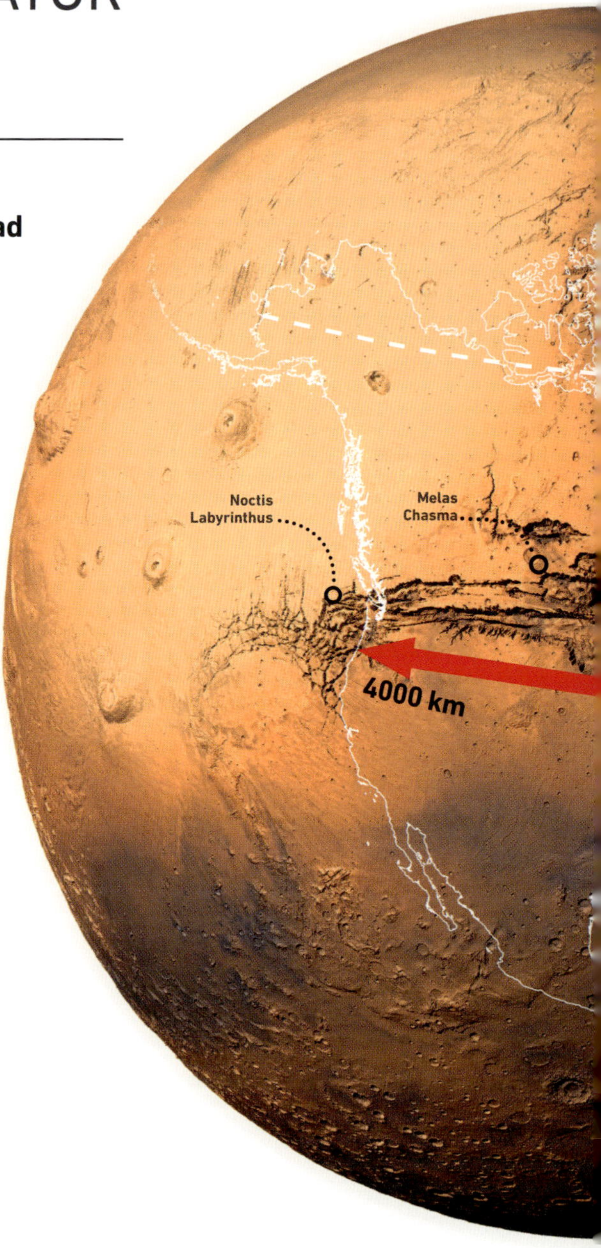

Noctis Labyrinthus

Melas Chasma

4000 km

GRAND CANYON SKYWALK

El Grand Canyon Skywalk es una pasarela transparente a través de la cual los visitantes pueden ver el fondo del cañón, a 1200 m de profundidad.

EL VALLES MARINERIS TIENE UNA REGIÓN **LABERÍNTICA** DE CAÑONES CONOCIDA COMO NOCTIS LABYRINTHUS («EL LABERINTO DE LA NOCHE»).

EN NOCTIS LABYRINTHUS SE HAN DESCUBIERTO MÁS **MINERALES** RELACIONADOS CON EL AGUA QUE EN NINGÚN OTRO LUGAR DE MARTE.

DATOS

0 m	
1000 m	
2000 m	
3000 m	
4000 m	
5000 m	
6000 m	
7000 m	
8000 m	

Valles Marineris (Marte)
7000 m

Yarlung Tsangpo (Tíbet, China)
6009 m

Cañón del Colca (Perú)
4160 m

Gran Cañón del Colorado (EE UU)
1857 m

Los cañones más profundos que se conocen en la Tierra son el Yarlung Tsangpo y el Kali Gandaki (en Nepal).

Yarlung Tsangpo (Tíbet, China)
496 km

Gran Cañón del Colorado (EE UU)
445 km

Hells Canyon (EE UU)
201 km

Cañón del río Fish (Namibia)
160 km

El cañón más largo de la Tierra, el Yarlung Tsangpo, es también el mayor del mundo. Lo formó en el Tíbet el río del mismo nombre, que se convierte en el Brahmaputra a su paso por India.

Los cañones se forman por la acción de los ríos, la erosión, la meteorización o el movimiento de placas tectónicas. El Valles Marineris pudo comenzar como una gran grieta tectónica en la corteza de Marte, ampliada por la erosión.

LA SECCIÓN **MÁS ANCHA Y PROFUNDA** DEL CAÑÓN ES MELAS CHASMA.

LAS **TORMENTAS DE POLVO** DEL VALLES MARINERIS SON TAN GRANDES QUE SE VEN CON UN TELESCOPIO.

El sistema solar

¿Cuánto tardaría un avión que viajara a 900 km/h en **llegar a cada planeta** desde el Sol?

EL TAMAÑO
DEL SISTEMA SOLAR

es igual a

100 000

veces la distancia del Sol a la Tierra.
Viajando a 299 792 km/s, la luz del Sol tarda

8 minutos y 20 segundos

en alcanzar la Tierra, y

555,5 días

en alcanzar los límites del sistema solar.

UN **LARGO** DÍA

Como rota muy despacio y orbita muy cerca del Sol, los días de Mercurio —que duran 176 días terrestres— son

más largos

que sus años, que duran 87,97 días terrestres.

COMETAS

El tamaño del núcleo de un cometa puede variar de

129 m a 40 km

Los cometas se formaron al mismo tiempo que el resto del sistema solar, hace unos

4600

millones de años. Como los planetas, los cometas orbitan alrededor del Sol.

Cuando un cometa se acerca al Sol, su núcleo comienza a fundirse, formando una **cola** de gas y polvo que puede

exten-derse

a lo largo de **millones de kilómetros.**

DURACIÓN DEL DÍA

Un **día** es el **tiempo** que tarda un planeta en dar **una vuelta sobre su eje**, de modo que el Sol vuelva a estar en el mismo lugar del firmamento.

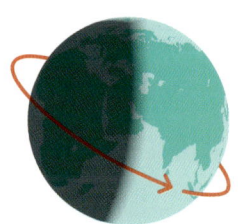

Mercurio: 176 días terrestres
Venus: 117 días terrestres
Marte: 24 h 40 min
Júpiter: 9 h 56 min
Saturno: 10 h 33 min
Urano: 17 h 14 min
Neptuno: 16 h 6 min

La lista muestra la duración de los días en días terrestres, horas y minutos.

MERCURIO — 7,4 años

VENUS — 13,7 años

TIERRA — 18,9 años

MARTE — 28,9 años

JÚPITER — 98,7 años

SATURNO — 180,9 años

URANO — 364,1 años

NEPTUNO — 570,5 años

LA PRIMERA MUJER QUE VIAJÓ AL ESPACIO FUE LA RUSA VALENTINA TERESHKOVA. EN 1963, ESTUVO **3 DÍAS** ORBITANDO LA TIERRA.

ROSETTA-PHILAE FUE LA PRIMERA NAVE QUE ORBITÓ UN COMETA. SU MISIÓN DURÓ **12 AÑOS**.

SONDAS
ESPACIALES

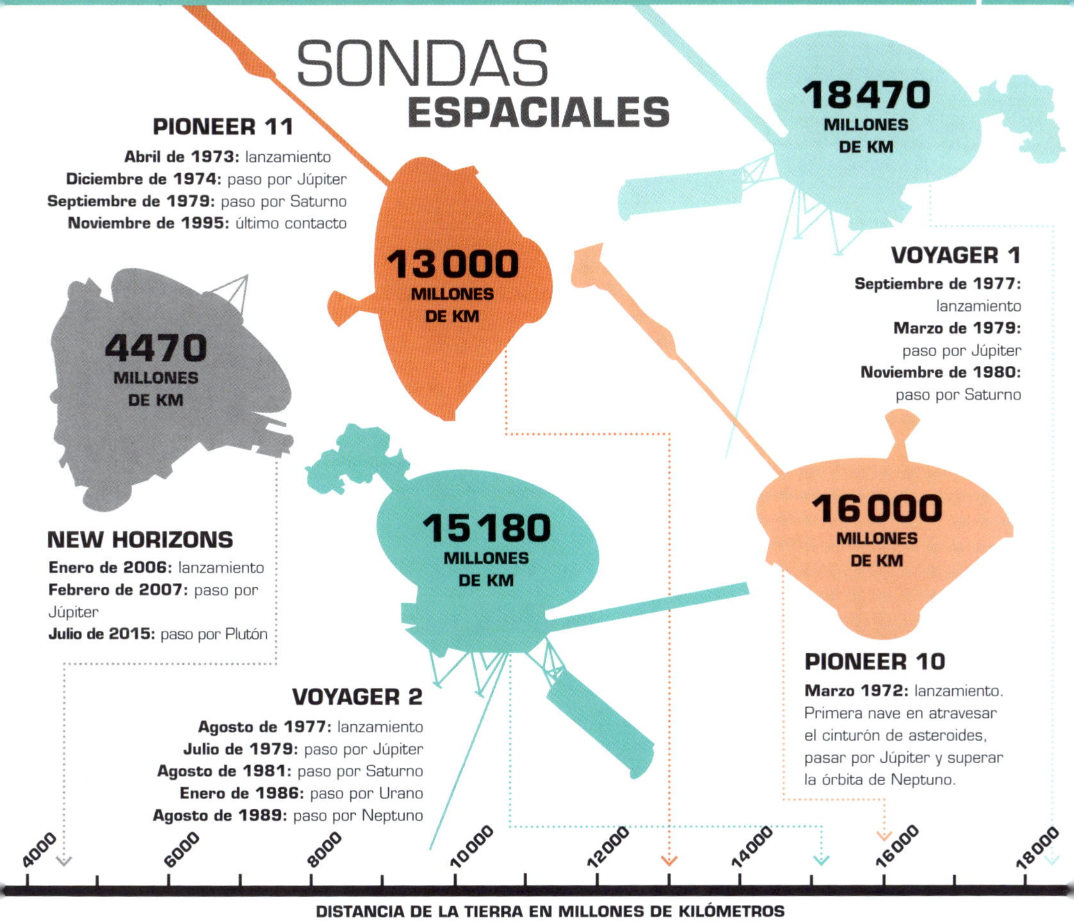

18470
MILLONES
DE KM

PIONEER 11

Abril de 1973: lanzamiento
Diciembre de 1974: paso por Júpiter
Septiembre de 1979: paso por Saturno
Noviembre de 1995: último contacto

13 000
MILLONES
DE KM

VOYAGER 1

Septiembre de 1977:
lanzamiento
Marzo de 1979:
paso por Júpiter
Noviembre de 1980:
paso por Saturno

4470
MILLONES
DE KM

NEW HORIZONS

Enero de 2006: lanzamiento
Febrero de 2007: paso por Júpiter
Julio de 2015: paso por Plutón

15 180
MILLONES
DE KM

16 000
MILLONES
DE KM

VOYAGER 2

Agosto de 1977: lanzamiento
Julio de 1979: paso por Júpiter
Agosto de 1981: paso por Saturno
Enero de 1986: paso por Urano
Agosto de 1989: paso por Neptuno

PIONEER 10

Marzo 1972: lanzamiento.
Primera nave en atravesar
el cinturón de asteroides,
pasar por Júpiter y superar
la órbita de Neptuno.

4000 · 6000 · 8000 · 10000 · 12000 · 14000 · 16000 · 18000

DISTANCIA DE LA TIERRA EN MILLONES DE KILÓMETROS

PLANETAS ENANOS

Además de los ocho planetas
mayores, el sistema solar
acoge otros cuerpos
menores llamados **planetas
enanos**. Los más grandes
hallados hasta ahora son:

Eris:
radio de 1163 km

Plutón:
radio de 1151 km

Makemake:
radio de 710 km

EXOPLANETAS

El nuestro no es el único
sistema solar: hay otras
estrellas orbitadas por grandes
satélites llamados **exoplanetas**.

El exoplaneta **HAT-P-32b** está
a 1044 años luz de la Tierra
y orbita en torno a una estrella
semejante al Sol. Su **radio**
dobla el de Júpiter,
pero su **masa** es algo
menor.

El exoplaneta **K2-137b**
se descubrió en 2017.
Orbita su estrella en menos

de **5 horas:**
la órbita más breve de
todos los planetas conocidos.

KEPLER-186F, DEL
TAMAÑO DE LA TIERRA:
EL PRIMER EXOPLANETA
EN LA ZONA HABITABLE
DE UNA ESTRELLA.

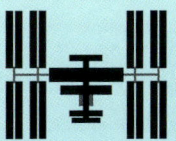

LA ESTACIÓN ESPACIAL
INTERNACIONAL ES
EL **MAYOR** OBJETO
HUMANO QUE HA
ORBITADO LA TIERRA.

¿CUÁN GRANDE ES LA
MAYOR ESTRELLA?

Las **estrellas hipergigantes** pueden ser **cientos de veces** mayores que el **Sol**. La **estrella más grande conocida** se llama **VY Canis Majoris**; tiene un diámetro de casi **2000 millones de km**.

El diámetro de **VY Canis Majoris** es unas **1400 veces mayor** que el **Sol**.

DATOS

Si estuviera en el centro del sistema solar, VY Canis Majoris englobaría todos los planetas interiores e incluso Júpiter. Cuando nuestro Sol empiece a morir, dentro de 5000 millones de años, se hinchará hasta convertirse en una gigante roja, y crecerá hasta más allá de la actual órbita de la Tierra.

Saturno

Júpiter

Marte

Tierra

VY Canis Majoris

Sol

Aldebaran, a 67 años luz, es una gigante roja, 44 veces mayor que el Sol.

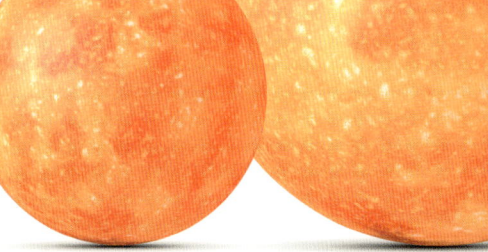

Arcturus, a 37 años luz, es una gigante roja, 25 veces mayor que el Sol. Es la cuarta estrella más brillante del cielo nocturno.

Comparado con las estrellas gigantes, supergigantes e hipergigantes, nuestro Sol resulta minúsculo.

Sol

EN **1925**, CECILIA PAYNE-GAPOSCHKIN VIO QUE LAS ESTRELLAS ESTÁN COMPUESTAS PRINCIPALMENTE DE HIDRÓGENO Y HELIO.

H

He

LA MAYORÍA DE LAS **ESTRELLAS** DE NUESTRA GALAXIA SON ENANAS: DÉBILES Y DEL TAMAÑO DEL SOL.

SUPERNOVA

Al morir una gigante roja, su núcleo puede colapsar bajo su gran gravedad y explotar con una potencia enorme. Tales explosiones se llaman supernovas y convierten la materia estelar en una nube de polvo y gas llamada nebulosa. Esta es la nebulosa del Cangrejo, procedente de la explosión de una estrella en el año 1054.

VY Canis Majoris es una hipergigante roja que se halla a unos 4000 años luz de distancia. Es 1400 veces mayor que el Sol, pero tan solo entre 20 y 30 veces más pesada. Sus capas exteriores son muy poco densas: unas 1000 veces menos que la atmósfera terrestre. VY Canis Majoris brilla muchísimo: produce unas 500 000 veces más luz que el Sol, y la fuerza con la que arde despide sus capas exteriores hacia el espacio.

Rigel, a 860 años luz, es una supergigante azul, unas 75 veces mayor que el Sol. A pesar de su distancia de la Tierra, es tan luminosa que es una de las estrellas más brillantes de nuestro cielo.

LA ENORME VY CANIS MAJORIS ES MUY BRILLANTE: PRODUCE UNAS **500 000** VECES MÁS LUZ QUE EL SOL.

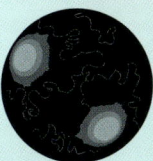

VY CANIS MAJORIS PODRÍA HABER PERDIDO YA LA **MITAD DE SU MASA TOTAL**.

Las estrellas de neutrones son unos de los lugares más extremos del universo. Su temperatura supera el millón de grados centígrados, y algunas de ellas giran cientos de veces por segundo. La gravedad en su superficie es más de 200 000 millones de veces mayor que la de la Tierra.

Las estrellas de neutrones presentan un color blanco azulado apagado. Al ser tan calientes, despiden muy poca luz visible y, en cambio, brillan con potentes rayos X.

DATOS

Una estrella de neutrones es el núcleo de una estrella gigante cuya gravedad la ha hecho colapsar y ha comprimido la materia estelar en un espacio minúsculo.

Tierra  Estrella de neutrones

Las estrellas de neutrones menguan tanto al colapsar que llegan a comprimir una masa mayor que la del Sol en una esfera de menos de 30 km de diámetro. El diámetro de una estrella de neutrones es 425 veces menor que el de la Tierra.

¿CUÁL ES LA MATERIA MÁS PESADA DEL UNIVERSO?

La **materia** de una **estrella de neutrones** es tan densa que un pedazo del tamaño de un **terrón de azúcar** pesa tanto como todos los **seres humanos** juntos.

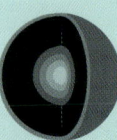

UNA **ESTRELLA DE NEUTRONES** TIENE UN DENSO NÚCLEO DE NEUTRONES CUBIERTO POR UNA CAPA DE 1 KM DE HIERRO.

LA ESTRELLA DE NEUTRONES QUE GIRA MÁS DEPRISA LO HACE CON UNA FRECUENCIA DE **716** VECES POR SEGUNDO.

PÚLSAR

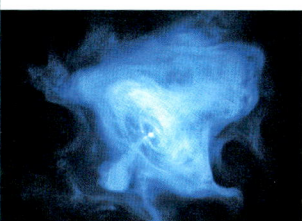

En el centro de este disco giratorio de materia caliente hay una estrella de neutrones que despide un haz de radiación y una columna de gas caliente: 30 veces por segundo el haz apunta hacia la Tierra y se ve un pulso de luz.

La cabeza de un alfiler tiene un volumen de 1 mm³. La materia de una estrella de neutrones es tan densa que un fragmento de ella de ese tamaño pesaría 1 millón de toneladas.

Fragmento de una estrella de neutrones del tamaño de una cabeza de alfiler

Un pedazo de **estrella de neutrones** como la cabeza de un alfiler **pesa como tres Empire State**.

El Empire State pesa 331 000 toneladas; tres pesarían 993 000 toneladas.

LA SUPERFICIE DE UNA ESTRELLA DE NEUTRONES ES 10 000 MILLONES DE VECES MÁS DURA QUE EL **ACERO**.

COMPARADA CON OTRAS, UNA ESTRELLA DE NEUTRONES ES PEQUEÑA: ¡COMO UNA CIUDAD!

¿CUÁN RÁPIDA ES LA **LUZ?**

Puede parecer algo instantáneo, pero a la **luz** le lleva un tiempo ir de un lugar a otro. En el espacio **viaja a 1 080 000 000 km/h**, o **299 792 km/s**.

Un haz de luz imaginario inicia su viaje.

El cronómetro marca 0 segundos

DATOS

Vacío: velocidad del 100 %

Aire: velocidad del 99,97 %

Agua: velocidad del 75 %

Vidrio: velocidad del 65 %

La luz viaja a una velocidad constante en el vacío, pero se ralentiza al topar con partículas: por el aire viaja al 99,97 % de su velocidad; por el agua, al 75 %, y por el vidrio, al 65 %.

Esta imagen muestra la luz trazando curvas, pero en realidad la luz solo se curva tanto por efecto de una gravedad muy intensa, como la que genera un agujero negro. La gravedad de la Tierra es demasiado débil para desviar tanto la trayectoria recta de la luz.

EL ASTRÓNOMO OLE RØMER FUE LA **PRIMERA PERSONA** QUE MIDIÓ LA VELOCIDAD DE LA LUZ EN 1676.

LOS CIENTÍFICOS LANZAN RAYOS LÁSER A **ESPEJOS** DEJADOS EN LA LUNA PARA CALCULAR LA DISTANCIA ENTRE LA TIERRA Y LA LUNA.

En solo
1 segundo,
un haz de **luz**
podría dar
**7,5 vueltas a
la Tierra**.

LÁSER LUNAR

Un rayo láser, viajando a la velocidad de la luz, tarda 1,28 segundos en llegar a la Luna. Así puede medirse con precisión la distancia de la Tierra a la Luna: 384 399 km.

El haz de luz completa su viaje de un segundo 18 000 veces más rápido que la nave espacial más veloz, la sonda New Horizons, que alcanzó los 58 536 km/h al abandonar la atmósfera terrestre en 2006.

00:01

El cronómetro marca
1 segundo

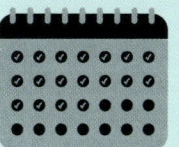

VIAJANDO A BORDO DE UN AVIÓN DE PASAJEROS, SE TARDARÍA **18 DÍAS** PARA LLEGAR HASTA LA LUNA.

NUNCA PODRÍAS ALCANZAR LA VELOCIDAD DE LA LUZ. SIEMPRE **SE ALEJA** DE TI A LA MISMA VELOCIDAD.

¿CUÁN GRANDE ES
EL UNIVERSO?

El **universo** es **inconcebiblemente vasto**. Las **distancias** son tan **enormes** que los científicos las miden en **años luz**: la distancia que recorre la luz en un año.

La Vía Láctea, galaxia espiral en forma de disco, acoge nuestro sistema solar. Tiene una extensión de unos 100 000 años luz (un año luz son 9,461 billones de km).

DATOS

UN AÑO
E F M A
M J J A
S O N D

31

El universo tiene una edad de 13 770 millones de años. Los seres humanos existen desde hace mucho menos tiempo: si el universo tuviera solo un año, el *Homo sapiens* existiría desde las 23:52 de Nochevieja.

El Sol se halla a unos 150 millones de km de la Tierra.

El sistema solar incluye el Sol y los cuerpos que orbitan en torno a él, entre ellos ocho planetas, como la Tierra, y muchos asteroides.

La Tierra es un pequeño planeta de 12 742 km de diámetro.

De norte a sur, América del Sur se extiende unos 7500 km.

La órbita de Urano, el segundo planeta más distante del sistema solar, se encuentra a una media de 2880 millones de km del Sol.

  ¡EL **UNIVERSO** SE EXPANDE MILES DE MILLONES DE KILÓMETROS EN LO QUE TARDAS EN PESTAÑEAR!

 LA **TEMPERATURA** DEL UNIVERSO ES DE UNOS -270 °C, AUNQUE SE ENFRÍA, A MEDIDA QUE SE EXPANDE.

VÍA LÁCTEA

Pese a que tiene forma de disco, la Vía Láctea aparece en nuestro cielo como una franja luminosa debido a que la Tierra (y todas las estrellas visibles sin telescopio) se encuentra en dicho disco.

La galaxia de Andrómeda es una gran galaxia del Grupo Local.

El Grupo Local de galaxias ocupa un área del espacio de unos 10 millones de años luz de amplitud. La Vía Láctea es una parte minúscula del Grupo Local.

Se cree que en el centro de la Vía Láctea hay un agujero negro con una masa equivalente a la de 4 millones de soles.

El límite del universo observable se encuentra a 13 700 millones de años luz.

Esta imagen del telescopio espacial Hubble muestra las galaxias que están hasta a 13 700 millones de años luz; pero el universo se ha expandido desde que llegó su luz, por lo que hoy se hallan aún más lejos.

Los puntos rojos son las galaxias más lejanas que podemos ver.

HAY MÁS **ESTRELLAS** EN EL UNIVERSO QUE GRANOS DE ARENA EN LA TIERRA.

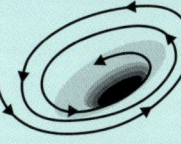

LA MAYOR PARTE DE LA **LUZ** DE UNA GALAXIA LA GENERA LA MATERIA QUE SE ARREMOLINA EN AGUJEROS NEGROS SUPERMASIVOS.

El universo

DENTRO DE UNA ESTRELLA

FOTOSFERA
Parte del Sol que vemos desde la Tierra.

NÚCLEO

ZONA CONVECTIVA
Donde la energía asciende a la superficie.

ZONA DE RADIACIÓN
Donde la energía se proyecta en forma de luz.

Las estrellas, como nuestro Sol, son de **tipos** y **tamaños** muy diversos, pero funcionan de forma similar. En su

núCleo

tienen lugar **colisiones atómicas** que producen **enormes cantidades de energía**, que luego es **transferida** hasta la superficie y **al espacio**.

GALAXIAS

Hay cuatro tipos principales de galaxias:

ESPIRALES

ELÍPTICAS

LENTICULARES

IRREGULARES

EDAD

13770

Se cree que el universo tiene ... millones de años.

VIDA DE UNA ESTRELLA

El modo como **acaba la vida** de una estrella depende de su tamaño y su masa. Cuando a una estrella enana como el Sol se le empieza a acabar el combustible, se

expande

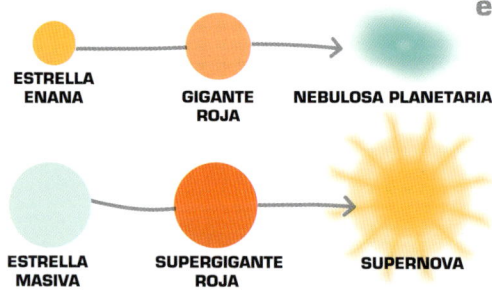

ESTRELLA ENANA → **GIGANTE ROJA** → **NEBULOSA PLANETARIA**

ESTRELLA MASIVA → **SUPERGIGANTE ROJA** → **SUPERNOVA**

y se convierte en una estrella más fría y tenue llamada **gigante roja**. Esta acaba desprendiéndose de sus capas exteriores y forma una nube de materia denominada **nebulosa planetaria**. Las estrellas más masivas se convierten en **supergigantes rojas**, que llegan a su fin en explosiones gigantescas llamadas **supernovas**.

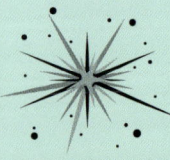

EL UNIVERSO COMENZÓ HACE 13 770 MILLONES DE AÑOS CON UNA EXPLOSIÓN CONOCIDA COMO BIG BANG.

CUANDO MIRAS LAS ESTRELLAS, VES EL PASADO: ¡SU LUZ TARDA MUCHO TIEMPO EN LLEGAR A NOSOTROS!

EL SOL DENTRO DE
5000 MILLONES
DE AÑOS

EL SOL HOY

GRANDES **SOLES** Y BIG
BANGS

Cuando el **Sol muera**, dentro de **5000 millones de años**, se **expandirá** hasta alcanzar unas 100 veces su tamaño actual.
Las estrellas más **masivas**

arden a una velocidad tremenda y mueren en unos pocos millones de años; pero las estrellas menores, llamadas **enanas rojas**, pueden brillar débilmente durante billones de años. Se espera que la estrella masiva **Eta Carinae**, a unos 8000 años luz de la Tierra, **explote** pronto en una supernova; cuando lo haga, puede ser el objeto más

brillante

del cielo después del Sol, lo suficiente como para poder leer de noche.

VÍA
LÁCTEA

Nuestra galaxia, la **Vía Láctea**, es una espiral de unos **100 000 años luz** de anchura. Se cree que contiene más de 200 000 millones de estrellas.

La galaxia gigante más próxima a la nuestra es la **galaxia de Andrómeda**, a unos 2,5 millones de años luz. Tiene una anchura de uno **260 000 años luz** —más del doble que la Vía Láctea— y contiene unos **400 000 millones de estrellas**.

VIAJAR A LA VELOCIDAD
DE LA LUZ

La **velocidad de la luz** es la velocidad mayor de todas (**299 792 km/s**). Pero el universo es tan vasto que, incluso viajando a esa velocidad, los viajes por él pueden ser muy largos.

TIERRA

LUNA		**1,3** SEGUNDOS
MARTE		**4** MINUTOS
JÚPITER		**35** MINUTOS
NEPTUNO		**4** HORAS
VOYAGER		**22** HORAS
ALPHA CENTAURI (SISTEMA ESTELAR MÁS PRÓXIMO)		**4** AÑOS
ANDRÓMEDA (GALAXIA GIGANTE MÁS PRÓXIMA)		**2,5** MILLONES DE AÑOS

SEGUNDOS · MINUTOS · HORAS · AÑOS

VIAJE A LA VELOCIDAD DE LA LUZ

LÍMITE DEL UNIVERSO

45 700
MILLONES DE AÑOS

LA VÍA LÁCTEA ES TAN GRANDE QUE **EL SOL** TARDARÍA 230 MILLONES DE AÑOS EN HACER UNA ÓRBITA A SU ALREDEDOR.

SOLO PODEMOS VER EL 5 % DEL UNIVERSO. EL RESTO SON MATERIA Y ENERGÍA OSCURAS.

Tierra asombrosa

Desde su formación, la Tierra ha sido moldeada por fuerzas colosales, desde el clima hasta las erupciones volcánicas y los impactos de asteroides. Hoy se alzan enormes montañas, cañones y cuevas se hunden en las profundidades de nuestro planeta y vastos ríos serpentean por él.

Turistas en el Gran Cañón del Colorado en Arizona (EE UU), admirando la vista y la espeluznante caída. El cañón supera los 1,6 km de profundidad, una altura que equivale a cuatro veces el Empire State.

¿CUÁL ES EL
MAYOR LAGO?

El agua de los cinco Grandes Lagos, toda acumulada, no llenaría el lago Baikal.

LOS GRANDES LAGOS

Los Grandes Lagos están en la frontera entre Canadá y EE UU y contienen el 84 % del agua dulce superficial de América del Norte. Fueron formados hace unos 10000 años por glaciares.

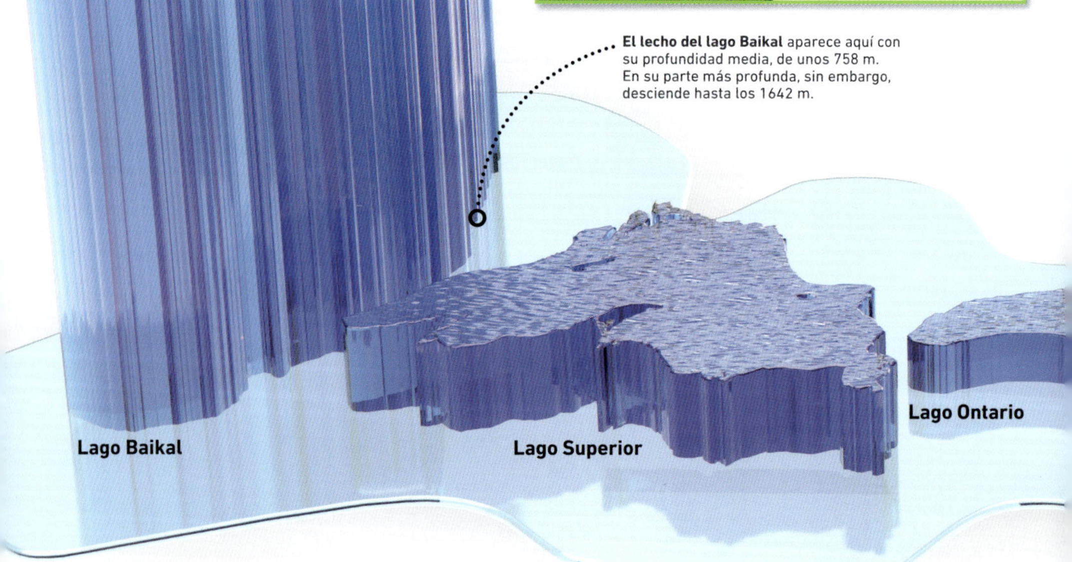

El lecho del lago Baikal aparece aquí con su profundidad media, de unos 758 m. En su parte más profunda, sin embargo, desciende hasta los 1642 m.

Lago Ontario

Lago Baikal

Lago Superior

El lago Baikal contiene un 20 % del agua dulce no congelada del mundo.

El lago Superior contiene algo más de la mitad del agua que contiene el Baikal, y su profundidad media es de 147 m. Es el mayor de los Grandes Lagos en superficie, profundidad y volumen de agua.

El lago Ontario tie una profundidad media de 86 m; el lago Baikal lo llenaría 15 veces.

EL LAGO BAIKAL ESTÁ HELADO UNOS SEIS MESES AL AÑO, CUANDO LA **TEMPERATURA** CAE A -21 °C.

EN INVIERNO, EL LAGO SE LLENA DE **TRINEOS** TIRADOS POR CABALLOS O POR PERROS Y DE AERODESLIZADORES.

El **mayor lago de agua dulce** del mundo, en cuanto a volumen, es el **lago Baikal** en Siberia. Contiene unos **23 615 billones de litros** de agua.

DATOS

El mar Caspio, entre Asia y Europa, es unas 12 veces mayor en superficie que el lago Baikal y contiene el triple de agua. Es salado, pues procede de un antiguo océano, y los expertos lo consideran un mar interior y no un lago.

Lago Baikal

Mar Caspio

Lago Superior

Ligeia Mare

Lago Michigan

Lago Hurón

Titán, satélite de Saturno, tiene varios lagos de metano líquido. Ligeia Mare es similar en tamaño a algunos de los Grandes Lagos. Kraken Mare es todavía mayor, más o menos del tamaño del mar Caspio.

Juntos, los Grandes Lagos ocupan un área más de siete veces mayor que la del lago Baikal, pero debido a su profundidad este contiene más agua que todos ellos juntos. De hecho, es el lago más profundo de la Tierra y también el más antiguo, formado hace unos 25 millones de años, cuando la corteza terrestre se separó abriendo un profundo valle que se llenó de agua.

Lago Míchigan

Lago Hurón

Lago Erie

El lago Míchigan tiene una profundidad media de 85 m y una quinta parte del agua que contiene el Baikal.

El lago Hurón tiene una profundidad media de 59 m y una séptima parte del agua que contiene el Baikal.

El lago Erie tiene una profundidad media de solo 19 m. Para llenar el Baikal harían falta 50 lagos Erie.

EL LAGO ALBERGA UNA FAUNA ÚNICA, COMO LA NERPA (FOCA DEL BAIKAL) Y UN PEZ LLAMADO *COMEPHORUS*.

ALREDEDOR DEL LAGO HAY FUENTES TERMALES QUE ATRAVIESAN LA CORTEZA TERRESTRE.

¿CUÁL ES EL
MAYOR RÍO?

Aunque no es tan **largo** como el **Nilo**, el **Amazonas** es mucho **más caudaloso**. Vierte al océano **219 millones de litros** por segundo, y lleva **una quinta parte del agua dulce corriente** de la **Tierra**.

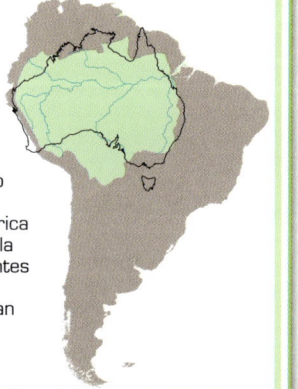

A lo largo de gran parte de su recorrido, el Amazonas tiene entre 1,5 y 10 km de anchura en la estación seca, pero en la lluviosa algunas partes se extienden hasta los 50 km.

Río Pará

El río Pará se une al Amazonas en su desembocadura, y amplía aún más su estuario.

DATOS

La cuenca del Amazonas es el área cuyas aguas recoge el río Amazonas. Es la mayor cuenca fluvial del mundo, casi tan grande como Australia. Ocupa el 40 % de América del Sur, y toda ella registra abundantes precipitaciones anuales que llenan el río de agua.

El Amazonas se ensancha al alcanzar el océano Atlántico y se une con la desembocadura de otro gran río, el Pará. Esta imagen muestra la desembocadura o estuario, conocida también como las «bocas del Amazonas».

EN EL AMAZONAS VIVEN EL 10 % DE TODAS LAS **CRIATURAS** CONOCIDAS DEL MUNDO.

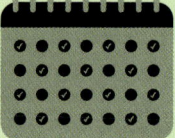

DE PROMEDIO, CADA DÍA SE DESCUBRE EN EL AMAZONAS UNA NUEVA ESPECIE DE **PLANTA** O DE **ANIMAL**.

SELVA TROPICAL INUNDADA

En la estación lluviosa, el nivel del río Amazonas aumenta más de 9 m e inunda unos 240 000 km² del bosque circundante.

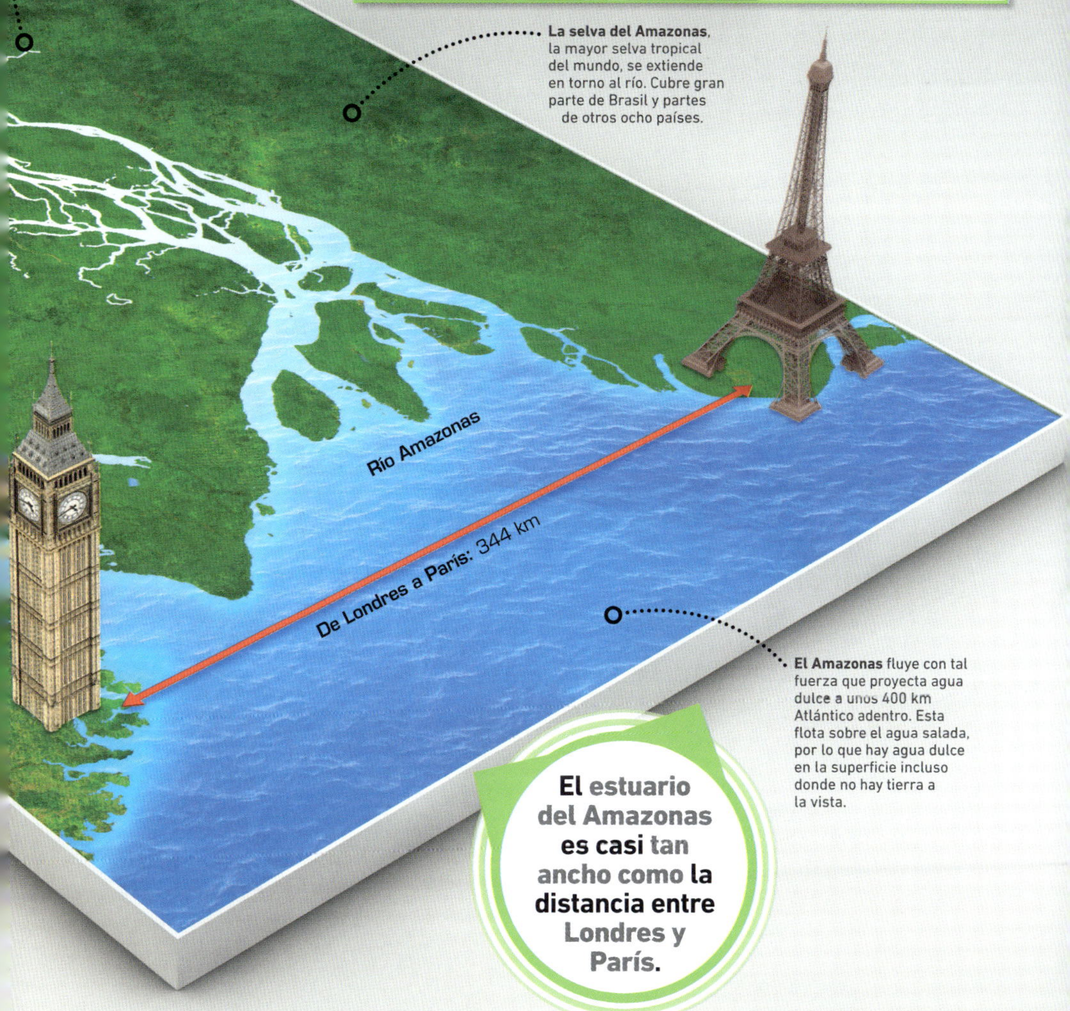

En el Amazonas desembocan directamente más de 1100 afluentes, 15 de los cuales tienen más de 1000 km de longitud.

La selva del Amazonas, la mayor selva tropical del mundo, se extiende en torno al río. Cubre gran parte de Brasil y partes de otros ocho países.

Río Amazonas

De Londres a París: 344 km

El Amazonas fluye con tal fuerza que proyecta agua dulce a unos 400 km Atlántico adentro. Esta flota sobre el agua salada, por lo que hay agua dulce en la superficie incluso donde no hay tierra a la vista.

El estuario del Amazonas es casi tan ancho como la distancia entre Londres y París.

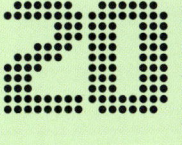

EL AMAZONAS CONTIENE EL 20 % DEL AGUA DULCE CORRIENTE DE LA TIERRA.

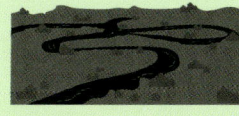

EL AMAZONAS NO TIENE NINGÚN PUENTE, POR LO QUE EL RÍO SOLO SE PUEDE CRUZAR EN BARCO O ¡A NADO!

¿QUÉ ALTURA TIENE LA
MAYOR CASCADA?

La **mayor catarata** del mundo, el **Salto Ángel**, se encuentra en Venezuela y tiene **979 m de altura**. Su nombre indígena es **Kerepakupai Merú**, y la dio a conocer **Jimmy Angel**, piloto estadounidense, tras descubrirla en 1933.

Catarata de Vinnufossen, Noruega
865 m

Cascada Sutherland, Nueva Zelanda
580 m

El Salto Ángel se forma con el agua que cae por la ladera de uno de los tepuis, las montañas verticales de Venezuela. Aquí aparece junto a otras cataratas famosas del mundo.

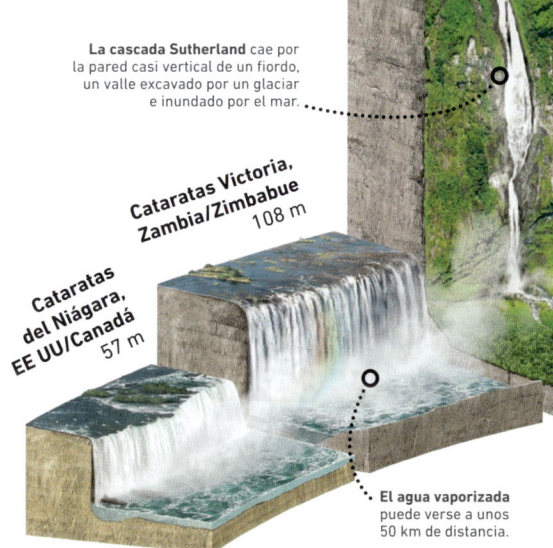

La cascada Sutherland cae por la pared casi vertical de un fiordo, un valle excavado por un glaciar e inundado por el mar.

Cataratas Victoria, Zambia/Zimbabue
108 m

Cataratas del Niágara, EE UU/Canadá
57 m

CATARATAS VICTORIA

Las cataratas Victoria, con 1,7 km de anchura y 108 m de altura, son la mayor caída continua de agua del mundo.

El agua vaporizada puede verse a unos 50 km de distancia.

EL SALTO ÁNGEL CAE DEL RÍO GAUJA, QUE EL EXPLORADOR LETÓN **ALEKSANDRS LAIME** BAUTIZÓ CON EL NOMBRE DE UN RÍO DE SU PAÍS NATAL.

LA **CAÍDA** DEL SALTO ÁNGEL CONVIERTE LA MAYOR PARTE DEL AGUA DEL RÍO GAUJA EN VAPOR ANTES DE LLEGAR AL FONDO.

**Salto Ángel,
Venezuela**
979 m

DATOS

Cataratas
del Niágara

Piscina
olímpica

Las cataratas del Niágara
tienen el mayor caudal de agua
de todas las de Norteamérica.
En un solo segundo vierten hasta
2,8 millones de litros de agua, la
cantidad suficiente para llenar
una piscina olímpica.

En 1901, Ann
Taylor se arrojó
dentro de un
barril por las
cataratas del
Niágara y fue la
primera persona
que vivió para
contarlo. De las
14 personas que
se han arrojado
desde entonces,
cinco no han
sobrevivido.

El Empire State
mide 443 m de
altura.

El **Salto
Ángel** dobla
sobradamente
en altura al
Empire State.

PAWEL JANKOWSKI
SALTÓ EN 2019
DESDE LA CIMA
DEL SALTO ÁNGEL
¡Y LO GRABÓ!

EL PARQUE NACIONAL
DE CANAIMA ALBERGA
ABUNDANTE **FAUNA**,
COMO JAGUARES Y OSOS
HORMIGUEROS GIGANTES.

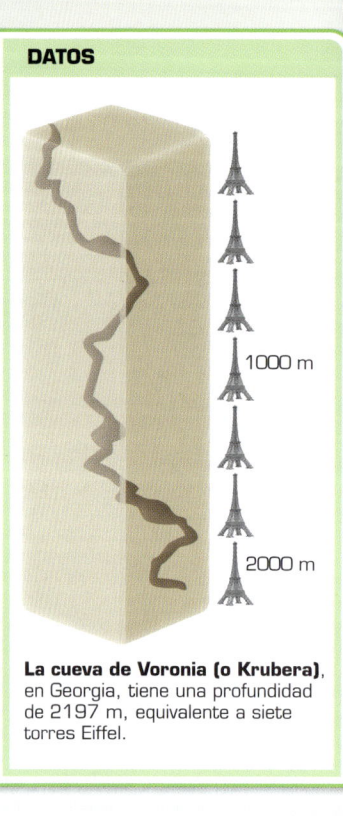

DATOS

La cueva de Voronia (o Krubera), en Georgia, tiene una profundidad de 2197 m, equivalente a siete torres Eiffel.

1000 m

2000 m

Un río subterráneo recorre los primeros 2,5 km de la cueva, de 9 km. Se cree que la gruta tiene más de 150 cámaras.

¿CUÁN GRANDE ES LA
MAYOR CUEVA?

En las **selvas de Vietnam** se encuentra la **cueva de Son Doong**, la **mayor del mundo**, de **altura** superior a los **200 m** en algunas partes.

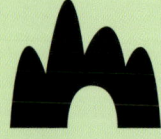

EN 1991, EL GRANJERO LOCAL HO KHANH SE REFUGIÓ DE UNA TORMENTA EN LO QUE RESULTÓ SER LA ENTRADA DE LA CUEVA.

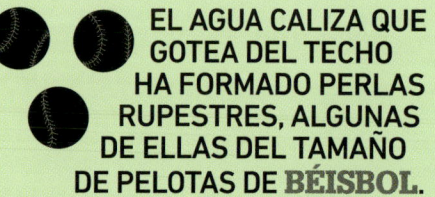

EL AGUA CALIZA QUE GOTEA DEL TECHO HA FORMADO PERLAS RUPESTRES, ALGUNAS DE ELLAS DEL TAMAÑO DE PELOTAS DE BÉISBOL.

Los sumideros de la superficie tienen hasta 100 m de anchura.

La cueva de Son Doong no se descubrió hasta 1991 porque queda oculta por la densa selva. Se formó hace entre 2 y 5 millones de años debido a la erosión de la roca caliza por agua fluvial subterránea. Allí donde la roca era más débil, el suelo se hundió formando sumideros gigantes.

Seis torres de Pisa **superpuestas cabrían en el pozo más profundo**.

PILARES DE ROCA

Las estalagmitas de la cueva llegan a alcanzar los 70 m de altura, y un hombre a su lado resulta verdaderamente minúsculo.

En las dos cámaras principales de la cueva crecen árboles de hasta 30 m de altura, pues entra luz suficiente como para que prolifere la vegetación.

LOS **ÁRBOLES** DEL INTERIOR DE LA CUEVA SON EL HOGAR DE MUCHOS ANIMALES, COMO LOS ZORROS VOLADORES.

EN LAS ROCAS DE LA CUEVA HAY, FOSILIZADOS, CORALES Y LIRIOS DE MAR DE HACE 300 MILLONES DE AÑOS.

Aquí se representan las laderas superiores del Everest. Alrededor de la montaña hay profundos valles que aquí no son visibles.

La altura de una montaña se suele medir respecto al nivel del mar. Si se pudiera retirar la tierra que rodea la base de las montañas y las pusiéramos en fila, veríamos la diferencia de altura como aquí se muestra.

El Everest es 10 veces más alto que el edificio más alto del mundo, el Burj Khalifa.

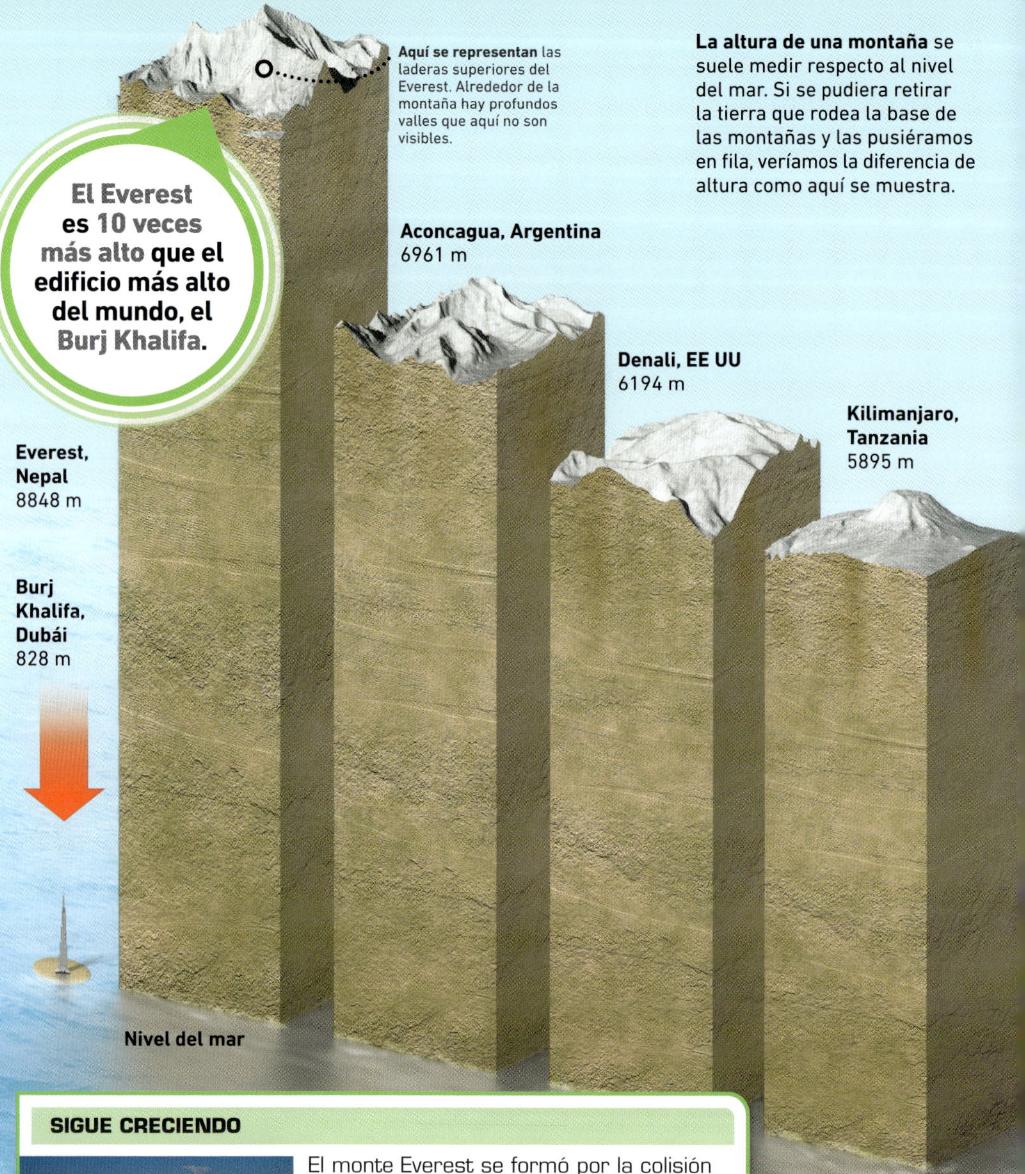

Aconcagua, Argentina
6961 m

Denali, EE UU
6194 m

Kilimanjaro, Tanzania
5895 m

Everest, Nepal
8848 m

Burj Khalifa, Dubái
828 m

Nivel del mar

SIGUE CRECIENDO

El monte Everest se formó por la colisión de dos placas tectónicas (secciones de la corteza terrestre). Como estas siguen empujándose entre sí, la montaña crece unos 5 mm al año.

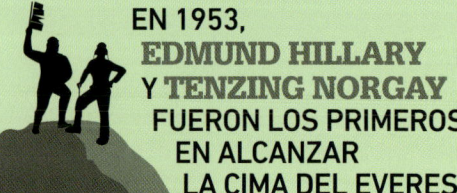

EN 1953, EDMUND HILLARY Y TENZING NORGAY FUERON LOS PRIMEROS EN ALCANZAR LA CIMA DEL EVEREST.

EL EVEREST ES UNA ZONA DE GRAN PELIGRO: DESPRENDIMIENTO DE ROCAS, AVALANCHAS, FALTA DE OXÍGENO Y MAL DE ALTURA.

¿CUÁL ES LA ALTURA DEL **EVEREST?**

La cima del **monte Everest**, la **montaña más alta**, está a **8848 m** sobre el nivel del mar.

DATOS

Monte Olimpo

Mauna Kea

Everest

El Everest no es, de hecho, la montaña más alta de la Tierra. Medido desde su base en el lecho oceánico, el Mauna Kea de Hawái es más alto. Con todo, el monte Olimpo de Marte, con 22 km de altura, empequeñece a ambos.

Estas siete montañas se conocen como las «Siete Cumbres», y son las más altas de sus respectivos continentes. Escalarlas todas es un reto del montañismo.

Elbrús, Rusia
5642 m

Macizo Vinson, Antártida
4892 m

Wilhelm, Papúa Nueva Guinea
4509 m

Ave de vuelo más alto
Buitre moteado, 10 000 m

Ciudad más alta
La Rinconada, Perú, a 5100 m

Estación de esquí más alta
Montaña Nevada Dragón de Jade, China, a 4700 m

Especie terrestre que vive a más altura
Araña saltarina del Himalaya, a 6700 m

Nivel del mar

Una pequeña araña saltarina del Everest es uno de los animales terrestres que vive a mayor altura. El buitre moteado africano vuela aún más alto.

EN LA CIMA DEL EVEREST HAY UN **66 %** MENOS DE OXÍGENO QUE A NIVEL DEL MAR.

EL NOMBRE TIBETANO DEL EVEREST ES **CHOMOLUNGMA**, QUE SIGNIFICA «DIOSA MADRE DEL MUNDO».

DATOS

Los desiertos australianos, el Arábigo y el Sahara, son desiertos tropicales cálidos. El mayor desierto es el Sahara, grande como EE UU. El Kalahari y el Gobi están más lejos del ecuador y pueden llegar a ser muy fríos.

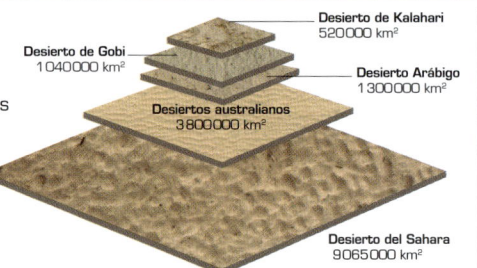

Desierto de Kalahari 520000 km²

Desierto de Gobi 1040000 km²

Desierto Arábigo 1300000 km²

Desiertos australianos 3800000 km²

Desierto del Sahara 9065000 km²

El mayor erg, o mar de arena, es el Rub al-Jali, en el desierto Arábigo. Con 650000 km², cubre un área mayor que Francia.

Francia

¿QUÉ ALTURA TIENEN
LAS DUNAS?

Las **dunas altas** suelen alcanzar los **450 m**, pero **pueden llegar** a crecer hasta los **1200 m**.

Las caravanas de camellos fueron el mejor medio de transporte en el Sahara durante siglos, y aún se emplean para transportar mercaderías por el desierto.

DUNAS DE MARTE

En invierno, cerca del polo norte de Marte, un campo de dunas queda cubierto de dióxido de carbono helado, de color rosa. Al convertirse en gas, en primavera, la arena oscura se desliza.

UNA DUNA TIENE **DOS CARAS**: LA DE BARLOVENTO, DONDE SOPLA EL VIENTO, Y LA DE DESLIZAMIENTO, QUE ES LISA Y SIN VIENTO.

CUANDO UN VIENTO DE MÁS DE 40 KM/H HACE VOLAR LA ARENA SE PRODUCE UNA **TORMENTA DE ARENA**.

Desierto

Tierra

Dunas de arena

Un tercio de la superficie terrestre es desértica, pero solo el 10 % de los desiertos son dunas de arena: el resto son rocas, tierra y extensiones de arena.

La cima es esculpida por vientos que soplan de muchas direcciones, apilando la arena en el centro.

Mercader sahariano con un camello cargado de productos.

La **torre Eiffel** se podría **enterrar en** una **gran duna sahariana.**

Esta duna en estrella sahariana mide 450 m. Este tipo de duna tiene forma piramidal y se forma donde no hay un viento predominante.

Los remolinos de polvo son columnas de aire polvoriento calentadas por el sol. Giran al ascender a través del aire más frío.

Pirámide de Keops
Altura original
147 m

Torre Eiffel
330 m

EL **PEZ DE ARENA** ES UN PEQUEÑO LAGARTO QUE ECHA LAS PATAS HACIA ATRÁS PARA «NADAR» EN LA ARENA DEL SAHARA.

LOS **CAMELLOS** SE CONOCEN COMO «NAVES DEL DESIERTO» PORQUE TRANSPORTAN GRANDES CARGAS A UNA GRAN DISTANCIA.

¿QUÉ FUERZA TUVO LA ERUPCIÓN
DEL KRAKATOA?

En **1883**, el Krakatoa, un volcán de **Indonesia**, entró en erupción con una potencia de unos **200 megatones** de **TNT**, el equivalente a **varias bombas nucleares**.

El Krakatoa produjo una de las mayores erupciones volcánicas de la historia. Destruyó más de dos tercios de la isla de Krakatoa y mató a más de 36 000 personas. La explosión se oyó a 4500 km de distancia.

NUBE DE CENIZA Y RAYOS

La carga eléctrica de la nube de ceniza de una erupción volcánica puede producir rayos, como se vio en la del Eyjafjallajökull de Islandia en 2010.

LA **ERUPCIÓN** DEL KRAKATOA DESENCADENÓ UN TSUNAMI CON OLAS GIGANTES DE HASTA 37 M DE ALTURA.

UNOS 165 PUEBLOS Y CIUDADES CERCANOS AL KRAKATOA FUERON **DESTRUIDOS** POR EL TSUNAMI.

La nube de ceniza producida por la erupción del Krakatoa ascendió hasta unos 80 km de altura.

La erupción del **Krakatoa** fue **cuatro veces** más potente que la detonación de la **Bomba del Zar**.

DATOS

9 años	424 m
1 año	336 m
7 días	150 m

Empire State

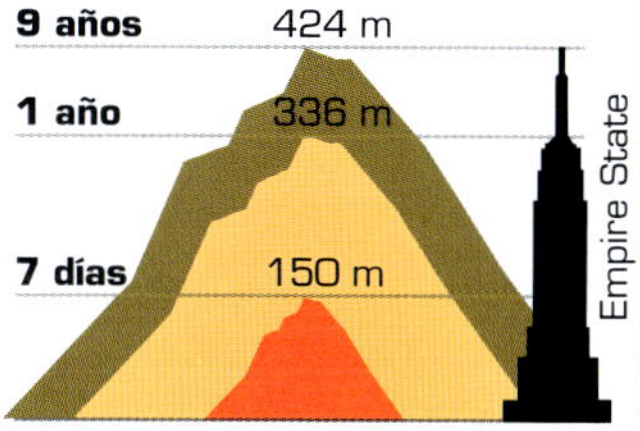

En 1943, en Paricutín (México), entró en erupción un volcán en un campo de maíz. Creció 150 m en una semana y siguió arrojando lava y creciendo durante unos nueve años.

Santa Helena 1 km³
Krakatoa 18 km³
Yellowstone 2500 km³

Hace 2,1 millones de años, el supervolcán de Yellowstone lanzó 135 veces más ceniza que el Krakatoa y 2500 veces más que el monte Santa Helena.

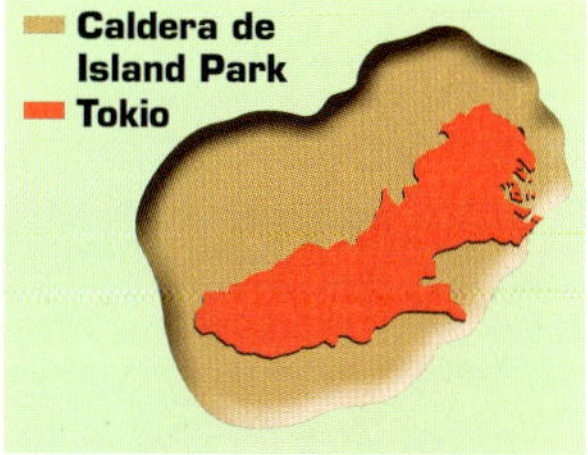

■ **Caldera de Island Park**
■ **Tokio**

En la caldera de Island Park, de Yellowstone, un enorme cráter volcánico, cabría una ciudad de hasta 13 millones de habitantes como Tokio.

El hongo producido por la detonación de la Bomba del Zar ascendió hasta 65 km de altura. Esta bomba, la mayor arma nuclear jamás detonada, fue lanzada por la URSS sobre unas remotas islas siberianas durante unas pruebas en 1961.

JAVA, EN INDONESIA, ES UNA DE LAS ZONAS MÁS VOLCÁNICAS DE LA TIERRA: EL KRAKATOA ENTRÓ EN ERUPCIÓN CERCA DE JAVA.

JAVA TIENE UNOS 45 VOLCANES ACTIVOS: **SEMERU**, EL MÁS ALTO DE JAVA, ENTRA EN ERUPCIÓN CADA 10-30 MINUTOS.

¿CUÁL ES EL MAYOR CRÁTER DE LA TIERRA?

Los impactos de **asteroides** y **cometas** forman **cráteres** en la **Tierra** al igual que en la Luna. El **mayor** es el de **Vredefort**, en Sudáfrica, con un **diámetro** de más de **300 km**.

En el cráter de **Vredefort** cabrían más de 60 cráteres Barringer.

El cráter Barringer es un cráter de impacto que se encuentra en Arizona (EE UU). Su forma tan definida se debe a que solo tiene 50 000 años.

Asteroides y cometas han bombardeado la Tierra desde que existe, pero hoy solo podemos apreciar unos pocos cráteres, pues la mayoría se han erosionado o se han cubierto de roca más reciente.

EL **IMPACTO** DE VREDEFORT NO CAUSÓ UNA EXTINCIÓN MASIVA: ENTONCES SOLO EXISTÍAN FORMAS DE VIDA BÁSICAS.

LAS NUBES DE POLVO DEL IMPACTO HABRÍAN BLOQUEADO DEL TODO **EL SOL**.

DATOS

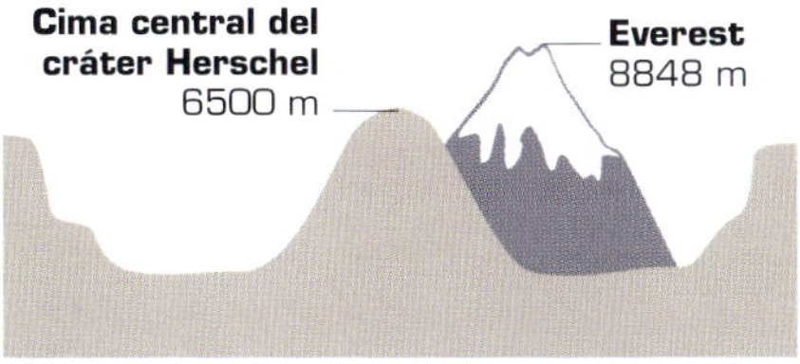

Cima central del cráter Herschel
6500 m

Everest
8848 m

Mimas, satélite de Saturno, tiene un gran cráter llamado Herschel, con una cima central formada por el movimiento sísmico causado por el impacto. Esta cima es casi tan alta como el Everest.

La cuenca Borealis de Marte se considera el mayor accidente geográfico causado por un impacto. Tuvo que causarlo un objeto del tamaño de Plutón. La cuenca cubre la mayor parte de la mitad norte de Marte, y tiene casi cinco veces el tamaño de EE UU.

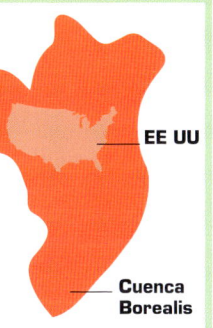

EE UU

Cuenca Borealis

El cráter Barringer tiene solo 1,2 km de diámetro.

El cráter de Chicxulub, en México, tiene 180 km de diámetro. Se formó hace 65 millones de años por el impacto de un objeto de 10 km de anchura al que se atribuye la desaparición de los dinosaurios. Hoy el cráter está enterrado, una mitad bajo tierra y la otra bajo el lecho marino.

El cráter de Vredefort se formó hace unos 2000 millones de años. Desde entonces lo han erosionado el viento, la lluvia y los ríos, y lo han deformado los movimientos de la corteza terrestre.

EL MAYOR METEORITO

Un meteorito es un objeto espacial que llega a la superficie terrestre sin desintegrarse por completo en la atmósfera. El meteorito Hoba de Namibia es el mayor que se conoce, y pesa más de 60 toneladas.

GRABADOS RUPESTRES PREHISTÓRICOS HALLADOS EN EL CRÁTER MUESTRAN ANTÍLOPES, HIPOPÓTAMOS Y RINOCERONTES.

LA ZONA DEL CRÁTER ES EL **HÁBITAT** DE POR LO MENOS 200 TIPOS DE AVES Y OTROS ANIMALES.

¿QUÉ TAMAÑO TIENEN LOS
MAYORES CRISTALES?

Los cristales de **selenita** descubiertos en la **cueva de Naica, en México**, miden hasta **11,4 m de largo**.

En la cueva, con una temperatura de hasta 48 °C y una humedad del 98 %, es necesario llevar trajes protectores para explorar las asombrosas formaciones cristalinas.

DATOS

El cristal más largo de Naica encontrado hasta ahora, el cristal Cin, tiene la longitud de un autobús y el peso de ocho elefantes africanos.

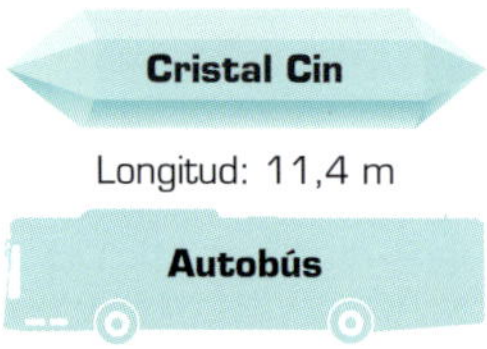

Cristal Cin

Longitud: 11,4 m

Autobús

El cristal más antiguo de la cueva tiene unos 600 000 años: el tiempo en el que apareció *Homo heidelbergensis*, antepasado de los humanos actuales.

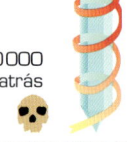

Actualidad

600 000 años atrás

EN EL AÑO 2000, DOS MINEROS PERFORARON UN TÚNEL BAJO NAICA Y DESCUBRIERON ESTA ENORME CAVERNA LLENA DE CRISTALES.

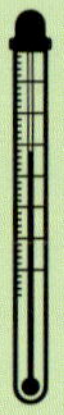

EL CALOR EN LA CUEVA ES SOFOCANTE PORQUE ESTÁ SITUADA SOBRE UNA CÁMARA DE MAGMA CALIENTE DEL INTERIOR DE LA TIERRA.

Estos enormes cristales de selenita se encuentran en la cueva de los Cristales, a 300 m bajo tierra en una mina de Naica, en el norte de México. Al inundarse las cuevas con agua subterránea rica en sulfato cálcico, los cristales de selenita fueron creciendo poco a poco a medida que se drenaba el agua de las minas.

CUEVA DE FINGAL

Situada en la costa de Escocia, esta singular cueva está formada por múltiples columnas hexagonales de basalto, de más de 20 m de altura, que se formaron al enfriarse y agrietarse una vieja colada de lava.

Los **mayores cristales** de la cueva son **seis veces más altos** que una persona.

EL CRISTAL MÁS GRANDE DE LA CUEVA **PESA** NADA MENOS QUE 60 TONELADAS, COMO 9 ELEFANTES.

EN 2017, SE DESCUBRIERON EN LOS CRISTALES MICROBIOS DE UNOS 50 000 AÑOS DE ANTIGÜEDAD.

¿CUÁNTA
AGUA HAY?

La Tierra contiene **1300 millones de km³** de **agua** repartida en océanos, ríos, lagos, vetas subterráneas, nubes y, en forma de **hielo**, en glaciares y casquetes polares.

Toda junta, el agua del planeta **llenaría** una **esfera** de solo **1384 km** de **diámetro**.

CASQUETES POLARES Y GLACIARES

Solo el 2,5 % del agua del planeta es dulce, y la mayor parte está atrapada en glaciares y casquetes polares. Así pues, menos del 1 % del agua de la Tierra es líquida y dulce.

Aquí se muestra un globo terráqueo sin el agua. Los océanos contienen casi el 97 % del agua del planeta; les siguen los casquetes polares y glaciares, con el 1,75 %.

ADEMÁS DE SER EL OCÉANO MÁS GRANDE, EL **PACÍFICO** ES EL MÁS ANTIGUO Y PROFUNDO.

AL SEPARARSE LENTAMENTE LAS PLACAS TECTÓNICAS, EL **ATLÁNTICO** SE ENSANCHA UNOS 4 CM TODOS LOS AÑOS.

El permafrost (suelo que está permanentemente congelado) de Siberia contiene mucha agua. El permafrost y el agua subterránea líquida suponen el 1,7 % del agua del planeta.

Cuando el agua llena esta cuenca oceánica, el lecho se encuentra a unos 4000 m de profundidad.

DATOS

Agua 71 %

Tierra 29 %

Más de dos tercios de la superficie terrestre están cubiertos de agua, y solo un 29 % es tierra firme.

696 millones de km³

323 millones de km³

284 millones de km³

Pacífico Atlántico Índico

El océano Pacífico contiene más agua que todos los demás océanos y mares juntos.

En la Tierra, por cada bañera de agua salada hay tan solo cuatro cucharaditas de agua dulce en lagos, ríos y la atmósfera.

SI TIRARAS UNA PIEDRA EN LA PARTE MÁS **PROFUNDA** DEL OCÉANO, TARDARÍA MÁS DE UNA HORA EN TOCAR EL FONDO.

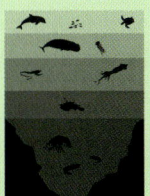

UN OCÉANO SE DIVIDE EN **CINCO ZONAS**, DESDE LA ZONA DE LUZ SOLAR EN LA SUPERFICIE HASTA LA ZONA DE HADAL EN LAS PROFUNDIDADES.

¿CUÁN PROFUNDOS SON
LOS OCÉANOS?

La plataforma continental se hunde bajo las aguas someras que rodean las profundidades oceánicas, y puede extenderse a cientos de kilómetros de la costa. ....

Su **profundidad media** es de 3682 m, pero su **punto más profundo**, en la sima **Challenger del Pacífico**, está a **11 030 m** bajo el nivel del mar.

PEZ DUENDE

Este pez duende es una de las muchas criaturas singulares que habitan los oscuros fondos oceánicos. El pez duende vive a una profundidad de entre 600 y 800 m, y posee unos curiosos ojos tubulares dentro de su cabeza transparente.

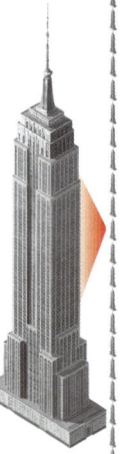

El Empire State mide 381 m de la base a la azotea.

En la **sima Challenger** cabrían **29 edificios** como el **Empire State apilados.**

EN LAS PROFUNDIDADES OCEÁNICAS VIVEN DIMINUTOS **ANFÍPODOS**: SU CUERPO BLANDO LES PERMITE SOBREVIVIR A LA PRESIÓN DEL AGUA.

EL PEZ A **MAYOR PROFUNDIDAD** FUE UN PEZ CARACOL VISTO EN 2023 EN UNA FOSA CERCA DE JAPÓN

Plataforma continental
Costa-140 m

Talud
140-3200 m

Llanura abisal
3200-6000 m

Fosa oceánica
6000-11 030 m

El lecho marino no es plano. Baja gradualmente en la plataforma continental, y luego se precipita por un talud hasta el lecho oceánico profundo o llanura abisal. El lecho marino presenta profundas fosas como la de las Marianas, en el Pacífico occidental, donde está la sima Challenger.

Sima Challenger
11 030 m

DATOS

Océano inexplorado

Océano explorado

Apenas el 10 % de los océanos ha sido explorado. Han viajado más personas al espacio exterior que a las profundidades oceánicas.

Everest

Fosa de las Marianas

La fosa de las Marianas tiene una profundidad de cerca de 11 km. Si se sumergiera en ella el Everest, su cima quedaría a más de 2 km bajo el nivel del mar.

Vaso antes de la inmersión

Vaso tras la inmersión

Si un vaso de poliestireno se sumergiera a 3 km de profundidad, la presión lo reduciría a menos de la mitad de su tamaño original.

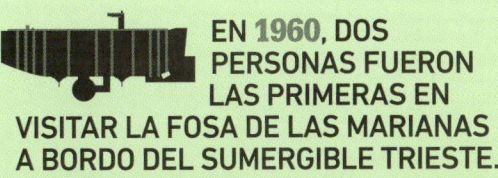

EN **1960**, DOS PERSONAS FUERON LAS PRIMERAS EN VISITAR LA FOSA DE LAS MARIANAS A BORDO DEL SUMERGIBLE TRIESTE.

EN **2012**, EL CINEASTA JAMES CAMERON FUE EL PRIMERO QUE LLEGÓ EN SOLITARIO A LA SIMA CHALLENGER. TARDÓ 2 HORAS Y 36 MINUTOS.

¿CUÁL ES LA ALTURA DE LA MAYOR OLA SURFEADA?

En 2020, el surfista alemán **Sebastian Steudtner** surfeó una **ola** de **26,2 m de altura** en la costa de Nazaré, en Portugal.

La costa de Nazaré recibe el oleaje causado por lejanas tormentas atlánticas. Un cañón submarino encauza su fuerza hacia un corto tramo de la costa, aumentando la altura de las olas.

DATOS

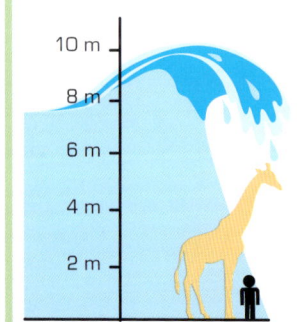

10 m
8 m
6 m
4 m
2 m

Los tsunamis no suelen pasar de los 10 m de altura, pero la gran cantidad de agua que viene detrás causa inundaciones que llegan muy tierra adentro. Suelen ser provocados por un terremoto en el lecho marino o por corrimiento de tierras.

Mayor tsunami
520 m

Mayores olas
35 m

Mayor ola surfeada
26,2 m

La mayor ola registrada se dio en Lituya Bay, en Alaska, cuando un bloque de piedra cayó en la bahía y causó un tsunami gigante. También mar adentro se forman grandes olas debido a los fuertes vientos y corrientes.

EN 1778, EL CAPITÁN JAMES COOK SE ASOMBRÓ AL VER **SURFISTAS** EN TAHITÍ Y DOCUMENTÓ EL DESCUBRIMIENTO EN SU DIARIO.

LOS MEJORES SURFISTAS DEL MUNDO ACUDEN A **NAZARÉ** CON LA ESPERANZA DE PODER SURFEAR UNA RARA OLA DE 30 METROS.

La ola asciende casi verticalmente antes de enroscarse y formar un tubo. El surfista trata de permanecer dentro y, a ser posible, llegar al final del tubo antes de que la ola rompa.

Una **ola** de **26,2 m** tiene la **altura** de una columna de **14 personas**.

Las tablas de surf tienen diversos tamaños. Esta tabla de campeonato mide 2,1 m.

PODER DESTRUCTOR

Los tsunamis son tan potentes que barren todo lo que hallan a su paso. Pueden llevar incluso grandes barcos tierra adentro y dejarlos varados a kilómetros de la costa.

LOS INGENIEROS DISEÑAN MÁQUINAS SUBMARINAS QUE PUEDEN GENERAR **OLAS PERFECTAS** PARA LOS SURFISTAS.

EL PERRO SURFISTA ESTADOUNIDENSE RICOCHET COMPITIÓ EN UNA VEINTENA DE PRUEBAS DE SURF Y GANÓ **NUEVE MEDALLAS DE ORO**.

¿CUÁN GRANDE FUE EL
MAYOR ICEBERG?

El **mayor iceberg conocido** surgió al separarse de una plataforma de hielo **antártica** en 1956. Medía **335 km** de **largo** y **100 km** de **ancho**.

Con una superficie de unos 31 000 km², el mayor iceberg conocido era más grande que Bélgica, si bien más alargado y delgado. Otro gran iceberg fue el B-15, del tamaño de Jamaica, que se desprendió de la barrera de hielo de Ross en 2000.

Amberes

Bruselas

Gante

Brujas

BÉLG

Flandes

PROFUNDIDADES OCULTAS

Los icebergs flotan en el agua, que oculta aproximadamente el 90 % de su volumen. El hielo bajo el agua se funde más rápido que el de la superficie, por lo que un iceberg puede volcar, produciendo un estruendo audible a kilómetros de distancia.

EL TITANIC **SE HUNDIÓ** EN SU VIAJE INAUGURAL EN 1912 TRAS CHOCAR CONTRA UN ICEBERG EN EL ATLÁNTICO.

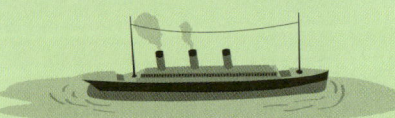

EL **DESPRENDIMIENTO** ES EL PROCESO POR EL QUE UN ICEBERG SE SUELTA DE UN GLACIAR O UNA GRAN CAPA DE HIELO.

El mayor iceberg conocido tenía una superficie mayor que la de Bélgica.

Bélgica ocupa una superficie de 30 528 km², algo menor que la de Cataluña (España).

Lieja

I C A

Charleroi

Ardenas

La altura de este iceberg está exagerada en la imagen, pues de hecho no sobresaldría más de 150 m sobre el nivel del mar.

DATOS

Glaciar

Caracol

Los glaciares son ríos de hielo que se mueven muy despacio, tan solo unos 30 cm al día. Un caracol puede recorrer esa distancia en 2 minutos y 15 segundos.

Volumen actual de hielo

Volumen de hielo en la última glaciación

En la última glaciación, el hielo cubría más del 30 % del planeta. Desde entonces, se ha fundido casi el 60 % y queda hielo tan solo en las regiones montañosas y los casquetes polares.

Iceberg más alto
168 m

Pirámide de Keops
147 m

El iceberg más alto se avistó cerca de Groenlandia en 1957: su parte emergida era más alta que la pirámide de Keops, y podía extenderse unos 1500 m bajo la superficie.

LOS FRAGMENTOS GRANDES DE ICEBERG SE DENOMINAN PEDACITOS MONTAÑOSOS, Y LOS PEQUEÑOS, GRUÑIDORES.

LOS ICEBERGS TABULARES SON ESCARPADOS Y DE CIMA PLANA; LOS NO TABULARES PUEDEN TENER CUALQUIER FORMA.

¿Y SI SE FUNDIERA
EL HIELO?

El **10 %** de la **tierra emergida del planeta** está cubierto por gruesos **glaciares** y **plataformas de hielo**. Si se fundiera todo, el **nivel del mar** subiría hasta **70 m**. Muchas **grandes ciudades** quedarían **cubiertas** por el **océano**.

GLACIARES MENGUANTES

Los glaciares son grandes ríos de hielo de flujo muy lento. El hielo, procedente de la nieve, se acumula a lo largo de los años. Un glaciar puede arrancar de cualquier lugar elevado en el que la nieve no se funde por completo en primavera. En algunas partes del Ártico los glaciares llegan hasta el mar, pero la mayoría están menguando. Entre los años 1941 y 2004, el glaciar Muir de Alaska (arriba) retrocedió más de 12 km y el mar llenó el valle.

Si el hielo se fundiera, las ciudades costeras serían cubiertas por el mar. Manhattan, en Nueva York, quedaría inundada casi del todo, y sus grandes monumentos apenas asomarían sobre la superficie.

LA **CAPA DE HIELO DE GROENLANDIA** SE DERRITE A RAZÓN DE 270 000 MILLONES DE TONELADAS AL AÑO.

EL DESHIELO DEL ÁRTICO DIFICULTA QUE EL **OSO POLAR** PUEDA CAZAR.

Si el nivel del mar subiera 70 m, los primeros 18 pisos del Empire State quedarían sumergidos.

Si todo el hielo se fundiera, la Estatua de la Libertad quedaría cubierta hasta el pecho.

DATOS

Costa actual

Costa inundada

Si el hielo del mundo se derritiera, la costa de muchos países cambiaría drásticamente. Gran Bretaña e Irlanda se convertirían en un conjunto de islas menores, y países como Bangladés y los Países Bajos casi desaparecerían.

El hielo de la Antártida es sumamente grueso: tiene una profundidad media de 1830 m –como seis torres Eiffel–, y en algunos lugares alcanza los 4776 m.

El pedestal de la Estatua de la Libertad mide 47 m de altura.

La base del pedestal de la estatua está a solo 6 m sobre el nivel del mar.

EL AUMENTO DEL NIVEL DEL MAR PODRÍA HACER DESAPARECER **ISLAS TROPICALES** BAJAS, COMO LAS MALDIVAS.

EN LOS **ALPES DE ÖTZTAL**, (ITALIA), EL DESHIELO DEJÓ A LA VISTA EL CUERPO CONGELADO DE UN HOMBRE QUE SE HABÍA CONSERVADO 5300 AÑOS.

La Tierra

RÍOS MÁS LARGOS

RÍO	CONTINENTE	LONGITUD
NILO	ÁFRICA	6670 KM
AMAZONAS	AMÉRICA DEL SUR	6404 KM
YANGTSÉ	ASIA	6378 KM
MISISIPI-MISURI	AMÉRICA DEL NORTE	6021 KM
YENISÉI-ANGARA	ASIA	5540 KM

CAUDAL

El río **más largo** del mundo es el **Nilo**, pero el **Amazonas** es el **mayor** con diferencia. Al desembocar en el Atlántico **vierte más agua** que los otros cuatro mayores ríos juntos.

CONTINENTES CAMBIANTES

La corteza terrestre se divide en **gigantes** placas de roca llamadas **placas tectónicas**, que se mueven de manera constante pero muy lenta. **Hace unos 200 millones de años**, todos los continentes estaban unidos en uno solo llamado **Pangea**. El movimiento de las placas tectónicas lo **fue dividiendo** hasta configurar la Tierra que hoy conocemos.

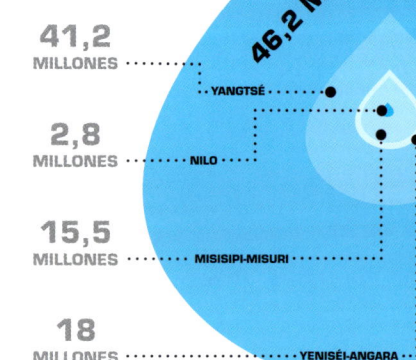

CAUDAL EN LITROS POR SEGUNDO

41,2 MILLONES ········· YANGTSÉ

2,8 MILLONES ········· NILO

15,5 MILLONES ········· MISISIPI-MISURI

18 MILLONES ········· YENISÉI-ANGARA

AMAZONAS **46,2 MILLONES**

LOS OCHOMILES

Hay **14 montañas** que superan los **8000 m** de altura. Todas ellas están en **Asia**, en la zona en que el subcontinente indio se encuentra con Asia. En 1986, **Reinhold Messner** se convirtió en el **primer alpinista** en escalar las **14 cimas**.

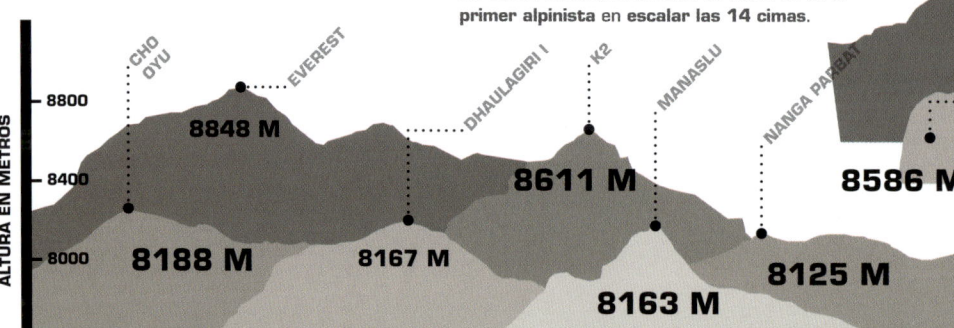

ALTURA EN METROS

CHO OYU — 8188 M
EVEREST — 8848 M
— 8167 M
DHAULAGIRI I — 8163 M
K2 — 8611 M
MANASLU — 8125 M
NANGA PARBAT — 8586 M

8800
8400
8000

SI LA HISTORIA DE LA TIERRA SE COMPRIMIERA EN UN AÑO, LOS SERES HUMANOS APARECERÍAN 25 MINUTOS ANTES DE LA NOCHEVIEJA!

TODOS LOS AÑOS, EL POLVO DEL **DESIERTO DEL SAHARA** LLEGA A LA SELVA AMAZÓNICA.

DENTRO DE LA **TIERRA**

Nuestro planeta se compone de distintas **capas**, más **calientes** cuanto más **profundas**. La **corteza**, en la que vivimos, constituye solo el **0,4 %** de la **masa de la Tierra**.

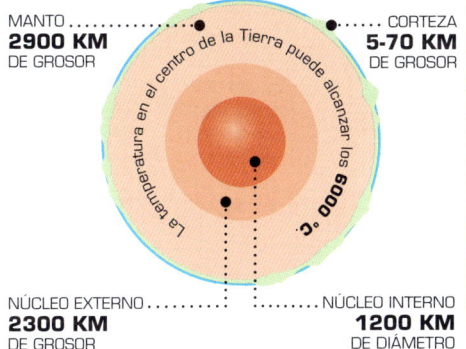

MANTO ....
2900 KM
DE GROSOR

La temperatura en el centro de la Tierra puede alcanzar los **6000 °C.**

CORTEZA
5-70 KM
DE GROSOR

NÚCLEO EXTERNO ....
2300 KM
DE GROSOR

NÚCLEO INTERNO
1200 KM
DE DIÁMETRO

◎ **TERREMOTOS** ◎
M Á S   P O T E N T E S

Dónde	Cuándo	Magnitud	Muertos
Chile	22.05.1960	9,5	4485
Bahía Prince William, Alaska	28.03.1964	9,2	128
Océano Índico	26.12.2004	9,1	230000
Kamchatka (URSS)	04.11.1952	9,0	0 (+6 vacas)

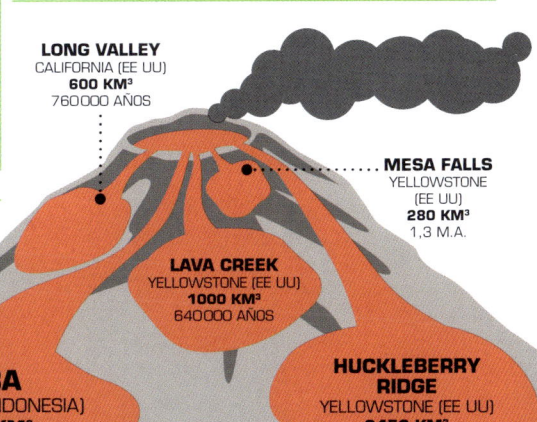

LONG VALLEY
CALIFORNIA (EE UU)
600 KM³
760000 AÑOS

MESA FALLS
YELLOWSTONE
(EE UU)
280 KM³
1,3 M.A.

LAVA CREEK
YELLOWSTONE (EE UU)
1000 KM³
640000 AÑOS

HUCKLEBERRY RIDGE
YELLOWSTONE (EE UU)
2450 KM³
2,1 M.A.

5 DE LAS **MAYORES** COLADAS DE LAVA

Esta ilustración muestra cuánta

lava

produjo cada erupción volcánica y hace cuántos años o millones de años (M.A.) tuvo lugar.

TOBA
SUMATRA (INDONESIA)
2800 KM³
74000 AÑOS

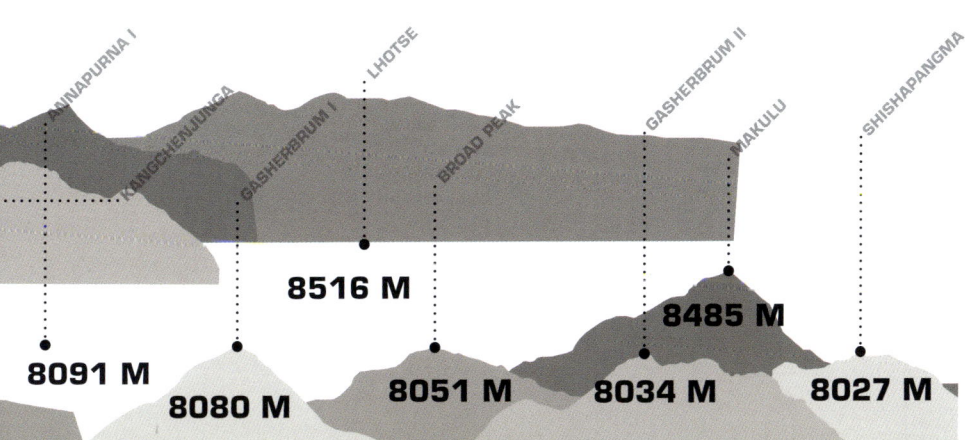

ANNAPURNA I

KANGCHENJUNGA

GASHERBRUM I

LHOTSE

BROAD PEAK

GASHERBRUM II

MAKALU

SHISHAPANGMA

8516 M

8485 M

8091 M

8080 M

8051 M

8034 M

8027 M

EL GROSOR MEDIO DE UNA **PLACA TECTÓNICA** ES DE 80 KM.

LA CORTEZA TERRESTRE **SE DESPLAZA** UNOS POCOS CENTÍMETROS AL AÑO, MÁS O MENOS AL MISMO RITMO QUE CRECEN LAS UÑAS.

NEVADA EXTREMA

La ruta alpina Tateyama Kurobe, en Japón, está cerrada en invierno y se abre de nuevo en primavera, cuando las excavadoras retiran los 20 m de nieve acumulados sobre la carretera.

La torre de Pisa mide 55,9 m desde el suelo hasta su parte más alta.

La mayor precipitación de nieve en un mes se registró en Tamarack (California, EE UU) en enero de 1911, y llegó a 9,9 m.

La ciudad de Nueva York registra una media de 68 cm de nieve al año.

LOS **COPOS DE NIEVE** SE DESPLAZAN A UNA VELOCIDAD MEDIA DE 2,4 KM/H Y TARDAN HASTA UNA HORA EN LLEGAR AL SUELO.

LOS **ROLLOS DE NIEVE** SON GRANDES BOLAS DE NIEVE QUE SE CREAN AL DARLES FORMA EL FUERTE VIENTO.

¿CUÁL ES EL LUGAR MÁS
NEVOSO DE LA TIERRA?

La **mayor precipitación de nieve** en un año fue de **29,86 m** y se registró en el **área de esquí del monte Baker** (Washington, EE UU) en la temporada **1998-1999**.

Esta capa de nieve de 28,9 m de grosor es mucho menos densa que el agua. Para conocer la precipitación total equivalente, los expertos utilizan una fórmula matemática que da solo 2,5 m de agua.

La nevada récord del monte Baker enterraría más de la mitad de la torre de Pisa.

DATOS

Comparadas con las nevadas récord, las precipitaciones de lluvia son muy superiores en términos de cantidad de agua.

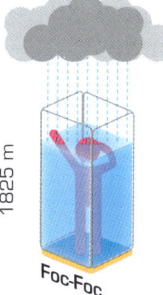

1825 m

Foc-Foc

La mayor precipitación de lluvia en 24 horas se registró en enero de 1966 en Foc-Foc, en la isla de la Reunión, donde cayeron 1,8 m de agua.

Torre de Pisa 55,9 m

26,5 m

Cherrapunji

La mayor precipitación de lluvia anual se dio en Cherrapunji (India) en 1860-1861: cayeron 26,5 m de agua, suficiente para sumergir casi la mitad de la torre de Pisa.

EL MUÑECO DE NIEVE MÁS GRANDE TENÍA 37 M DE ALTURA, CASI TANTO COMO LA ESTATUA DE LA LIBERTAD.

LA NIEVE ES UN BUEN AISLANTE, Y ALGUNOS ANIMALES, COMO LOS OSOS POLARES, HACEN GUARIDAS EN ELLA PARA ESTAR CALIENTES.

¿CUÁNTO MIDE LA
MAYOR PIEDRA
DE GRANIZO?

La **mayor piedra de granizo** conocida cayó en **Vivian (Dakota del Sur, EE UU)** durante una tormenta el **23 de julio de 2010**. Tenía **20 cm** de diámetro.

CAPAS DE HIELO

Esta piedra de granizo partida en dos muestra las capas de hielo que la forman. El granizo crece porque los vientos de las nubes de tormenta lo lanzan hacia arriba una y otra vez, y el agua que recoge se congela y forma nuevas capas de hielo.

Piedras de granizo gigantes como esta se forman en nubes con vientos ascendentes muy fuertes, como los de tormentas y tornados. Cuando el granizo pesa demasiado y cae, puede abollar coches, romper cristales, dañar cultivos y herir a seres vivos.

EN ESTADOS UNIDOS, LAS TORMENTAS DE GRANIZO CAUSAN DAÑOS POR VALOR DE UNOS 10 000 MILLONES DE DÓLARES AL AÑO.

LA ZONA DONDE SE UNEN LOS ESTADOS DE NEBRASKA, COLORADO Y WYOMING SE CONOCE COMO EL «CALLEJÓN DEL GRANIZO».

La piedra de granizo de **Dakota del Sur** era unas **tres veces mayor que** una **pelota de tenis.**

DATOS

El granizo suele formarse en nubes de tormenta gigantes que también producen rayos.

Cima de la nube
12000 m

Everest
8848 m

Base de la nube
2000 m

Las nubes de tormenta, conocidas técnicamente como cumulonimbos, son las nubes más altas. Pueden llegar a superar los 12000 m, un tercio más que la montaña más alta. Tienen forma de columna, con una cima ancha y plana.

Un rayo puede tener una temperatura de unos 30000 °C, más de cinco veces más caliente que la superficie del Sol, que tiene la temperatura más elevada de cualquier objeto del sistema solar.

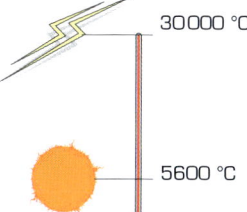

30000 °C

5600 °C

Unos bultos cubrían la superficie de la piedra de granizo que cayó en Dakota del Sur: eran piedras de granizo menores que chocaron entre sí y quedaron pegadas.

Piedra de granizo récord
20 cm de diámetro,
0,86 kg de peso

Pelota de tenis
6,7 cm de diámetro

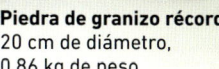

PARA DETECTAR LAS TORMENTAS DE GRANIZO SE USAN LOS SATÉLITES **Y LOS** RADARES **METEOROLÓGICOS.**

EN ALGUNOS PAÍSES, SE ENVÍAN ALERTAS **DE GRANIZO PARA QUE LA POBLACIÓN ESTÉ PREPARADA.**

El clima

CALOR

La **mayor temperatura** a nivel del suelo y a la sombra se registró en el **valle de la Muerte**, en **California**, en 1913: unos abrasadores

56,7 °C.

Y FRÍO

La **menor temperatura** a nivel del suelo se registró en **Vostok**, en la **Antártida**, en el año 1983: se alcanzaron unos escalofriantes

−89,2 °C.

NUBOSIDAD

Alta (por encima de 6000 m)	⌐ **CIRROS**
	∠ **CIRROCÚMULOS**
	∠ **CIRROSTRATOS**
Media (2000-6000 m)	⚌ **ALTOSTRATOS** ∾ **ALTOCÚMULOS**
Baja (0-2000 m)	⚌ **NIMBOSTRATOS**
	⌣ **ESTRATOCÚMULOS** △ **CÚMULOS** ⚡ **CUMULONIMBOS**

LA ATMÓSFERA

EXOSFERA 690-10000 KM

TERMOSFERA 85-690 KM

MESOSFERA 50-85 KM

ESTRATOSFERA 12-50 KM

TROPOSFERA 0-12 KM

Una **capa de gases** llamada **atmósfera** envuelve nuestro planeta. La atmósfera terrestre se compone de cinco capas distintas.

DÍAS DE LLUVIA

El lugar **más húmedo** de la Tierra es Mawsynram, en el noreste de India, con una media de precipitaciones anuales de

11 870 mm.

El lugar con **más días de lluvia** al año es el monte Waialeale (isla de Kauai, Hawái), con **350** días de lluvia. De media, tan solo hay un día seco al mes.

La lluvia continua más prolongada duró **247 días**, del 27 de agosto de 1993 al 30 de abril de 1994, y se dio en Kaneohe Ranch (isla de Oahu, Hawái).

EN 1861, UN DIARIO BRITÁNICO PUBLICÓ LA PRIMERA **PREVISIÓN** METEOROLÓGICA DE LA HISTORIA.

UNA **TORMENTA CONTINUA** ILUMINA LOS CIELOS DEL RÍO CATATUMBO (VENEZUELA) POR UNAS CONDICIONES EXCEPCIONALES.

DÍAS DE VIENTO

La escala Beaufort considera los efectos del viento en función de su velocidad.

NÚMERO BEAUFORT	VELOCIDAD DEL VIENTO	EFECTOS DEL VIENTO EN TIERRA
0	0	El humo asciende vertical
1	1-3 km/h	El humo se esparce
2	4-11 km/h	Las hojas susurran
3	12-19 km/h	Las ramas pequeñas se mueven
4	20-29 km/h	Se alzan papeles del suelo
5	30-39 km/h	Los arbolillos se mecen
6	40-50 km/h	Es difícil usar un paraguas
7	51-61 km/h	Todos los árboles se mecen
8	62-74 km/h	Resulta difícil andar
9	75-87 km/h	Tejados dañados
10	88-101 km/h	Árboles desarraigados
11	102-119 km/h	Casas dañadas
12	Más de 119 km/h	Edificios destruidos

TORNADO 500

A nivel del suelo, los *tornados* presentan los *vientos más rápidos*: el más potente registrado tenía vientos de **500** km/h o más. Los tornados pueden moverse además a unas velocidades de hasta **110 km/h**: demasiado rápido para poder escapar de ellos.

DAÑOS POR HURACANES

Los huracanes se clasifican de acuerdo con la escala Saffir-Simpson según su velocidad y destructividad.

CATEGORÍA	VELOCIDAD DEL VIENTO	EFECTOS	
1	120-153 km/h	Daños menores en edificios; ramas rotas	
2	154-177 km/h	Daños en tejados, puertas y ventanas	
3	178-208 km/h	Tejas desprendidas; árboles grandes arrancados	
4	209-251 km/h	Tejados arrancados; grandes inundaciones costeras	
5	Más de 252 km/h	Edificios destruidos; inundaciones catastróficas	

RAYOS DEL CIELO

La Tierra recibe unos **100** rayos por segundo. En el Empire State caen unos **25** rayos cada año.

EL **VIENTO FUERTE** PUEDE HACER SUBIR AL CIELO COSAS DE TODO TIPO QUE LUEGO CAEN AL SUELO COMO LLUVIA, ¡INCLUSO PECES Y RANAS!

CON 4000 HORAS DE SOL AL AÑO, YUMA (ARIZONA, EE UU) ES EL LUGAR **MÁS SOLEADO** DE LA TIERRA.

¿CUÁL HA SIDO EL MAYOR
DESASTRE
NATURAL?

La **pandemia** conocida como **peste negra**, que asoló el mundo en el siglo XIV, **mató a 75 millones de personas**.

El estadio Rose Bowl de Pasadena (California, EE UU) tiene capacidad para unas 91 000 personas.

GRIPE ESPAÑOLA

En 1918, tras la Primera Guerra Mundial, la «gripe española» azotó al mundo. Propagada por el movimiento de tropas, puso fin a la vida de más de 50 millones de personas, aún más que la guerra. Una enfermedad que se extiende a escala global se llama pandemia.

SE PINTABA UNA GRAN **CRUZ** EN LA PUERTA PARA INDICAR QUE LAS PERSONAS QUE VIVÍAN EN LA CASA TENÍAN LA PESTE.

PARA INTENTAR **CURAR** LA ENFERMEDAD, SE UTILIZABAN HIERBAS MEDICINALES O SE EXTRAÍA SANGRE DE LA PERSONA INFECTADA.

La peste negra fue causada por bacterias que portaban las pulgas de las ratas. Comenzó en Asia, pero se propagó rápidamente al introducirse las ratas en los barcos mercantes, llevando consigo la enfermedad. La peste llegó a Europa en 1347, donde mató al menos al 60 % de la población.

Todas las víctimas de la peste negra llenarían 824 estadios como el Rose Bowl.

DATOS

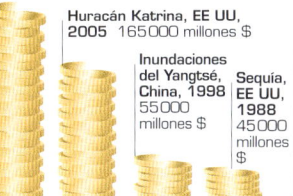

Terremoto y tsunami de Tohoku, Japón, 2011 235 000 millones $

Huracán Katrina, EE UU, 2005 165 000 millones $

Inundaciones del Yangtsé, China, 1998 55 000 millones $

Sequía, EE UU, 1988 45 000 millones $

El coste económico de los desastres naturales puede ser multimillonario. Los terremotos pueden resultar especialmente costosos por dañar viviendas, fábricas y vías de transporte como las carreteras.

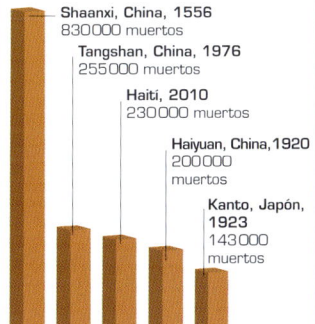

Shaanxi, China, 1556 830 000 muertos

Tangshan, China, 1976 255 000 muertos

Haití, 2010 230 000 muertos

Haiyuan, China, 1920 200 000 muertos

Kanto, Japón, 1923 143 000 muertos

Los terremotos suelen causar miles de muertes en las áreas urbanas. Además de derribar edificios, pueden causar incendios debido al daño producido en cables eléctricos y tuberías de gas.

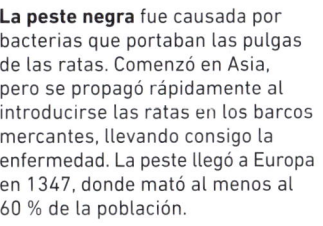

EN LOS BROTES DE PESTE DEL SIGLO XVII, LOS MÉDICOS LLEVABAN **MÁSCARAS DE PICO** PARA INTENTAR PROTEGERSE.

EN **1894**, KITASATO SHIBASABURŌ Y ALEXANDRE YERSIN DESCUBRIERON LA BACTERIA CAUSANTE DE LA PESTE.

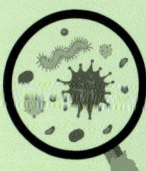

¿A QUÉ VELOCIDAD CRECE
LA POBLACIÓN MUNDIAL?

Cada día nacen unos **367 000 bebés** y **mueren** cerca de **166 000 personas**; así, la población mundial cuenta **cada día** con unas **201 000 personas más**.

Esta multitud de 8000 personas ilustra cuánto aumenta la población del mundo cada hora.

EL MUNDO ENVEJECE

La población del mundo envejece. El progreso de la medicina alarga la vida de las personas, y por otra parte las parejas tienden a tener cada vez menos hijos.

Al menos dos personas se añaden a la multitud cada segundo.

 LA **POBLACIÓN MUNDIAL** ALCANZÓ LOS 1000 MILLONES A PRINCIPIOS DEL SIGLO XIX.

 EL PAÍS MÁS PEQUEÑO, LA CIUDAD DEL VATICANO, EN ROMA, TIENE LA MENOR POBLACIÓN, CON SOLO UNOS **500 HABITANTES**.

DATOS

La población humana crece más deprisa en unos lugares que en otros. Las pirámides de población ilustran gráficamente el crecimiento de la población de un país.

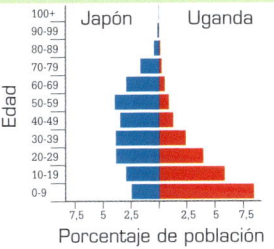

Edad — Japón — Uganda

Porcentaje de población

7,5 5 2,5 2,5 5 7,5

La pirámide de Japón, abombada y de base estrecha, indica una población vieja con relativamente poca gente joven. La tasa de natalidad es baja y la población se reduce.

La pirámide inclinada de Uganda indica que el país tiene una tasa de natalidad elevada, muchos niños, pocos ancianos y una población que crece deprisa.

En una sola hora, la población mundial aumenta en más de 8000 personas. Es como si cada hora llegaran al planeta 23 aviones de pasajeros llenos.

RUSIA ES EL PAÍS MÁS GRANDE, PERO SOLO ES EL NOVENO EN LA LISTA DE LOS MÁS POBLADOS.

EN 2030, EL **60 %** DE LA POBLACIÓN MUNDIAL VIVIRÁ EN CIUDADES.

Humanos y otras formas de vida

La Tierra es rica en formas de vida maravillosas, ¡incluidos nosotros! Nuestros cuerpos realizan verdaderas proezas para sobrevivir. Compartimos el mundo con organismos increíbles, unos minúsculos, otros enormes, la mayoría de ellos con unas capacidades extraordinarias.

La mantarraya es un apacible gigante que «vuela» por el agua moviendo sus grandes aletas. Puede alcanzar los 9 m de envergadura, ¡mucho más que la altura de una jirafa!

¿CUÁNTA SANGRE BOMBEA
UN CORAZÓN?

Un **corazón humano adulto** bombea unos
5 litros de sangre **por minuto**, que es el
volumen total de sangre que contiene
el **cuerpo de un hombre**.

La sangre pobre
en oxígeno vuelve
al corazón por las
venas (en azul).

El corazón se divide en dos partes, izquierda y derecha.
El lado derecho manda la sangre a los pulmones para
recoger oxígeno, y el izquierdo bombea a todo el cuerpo
esta sangre rica en oxígeno para llevar nutrientes a las
células. Las células absorben el oxígeno, y la sangre
empobrecida vuelve al corazón para repetir el proceso.

PORTENTO FÍSICO

Cuando el ciclista Miguel Induráin ganó
cinco Tours de Francia, en la década
de 1990, su corazón podía bombear
50 litros de sangre por minuto y sus
pulmones podían contener 8 litros de
oxígeno (los de un adulto medio admiten
menos de 6 litros).

El músculo que forma
la pared cardíaca tiene
su propio suministro
de sangre.

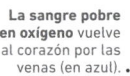

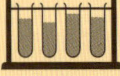 

EN TOTAL HAY OCHO GRUPOS
SANGUÍNEOS. EL 0 ES EL MÁS
COMÚN DE TODOS.

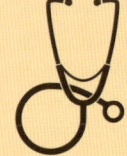

EL SONIDO DE LOS
LATIDOS SE DEBE
A LA APERTURA Y
EL CIERRE DE LAS
VÁLVULAS CARDÍACAS.

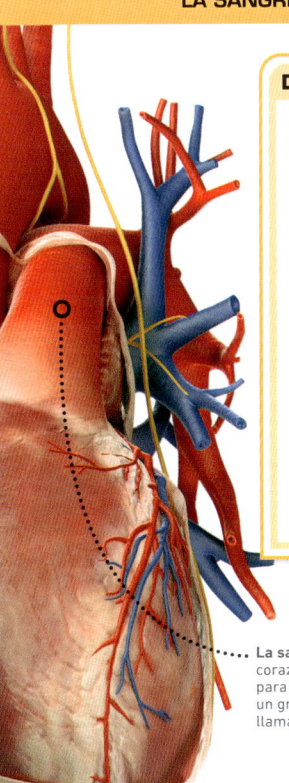

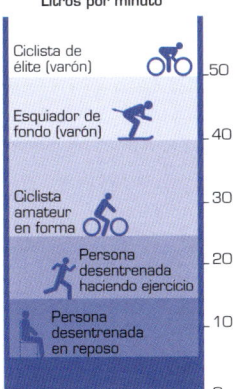

DATOS

La cantidad de sangre que bombea el corazón por minuto recibe el nombre de gasto cardíaco, y puede servir como índice de la forma física de una persona. Cuanta más sangre bombea el corazón, más y mejor trabaja el cuerpo.

Litros por minuto

Ciclista de élite (varón)	50
Esquiador de fondo (varón)	40
Ciclista amateur en forma	30
Persona desentrenada haciendo ejercicio	20
Persona desentrenada en reposo	10
	0

Mujer
4,5 litros

Hombre
5 litros

Mujer embarazada
6,5 litros

Por lo general, las mujeres tienen menos sangre que los hombres. Una mujer embarazada, no obstante, suele tener más sangre que un hombre: esa sangre extra le sirve para aportar nutrientes y oxígeno a su bebé.

La sangre viaja del corazón a los pulmones para recoger oxígeno por un gran vaso sanguíneo llamado arteria pulmonar.

El corazón bombea sangre rica en oxígeno al cuerpo por medio de las arterias (en rojo). Esta sangre es de color rojo vivo porque contiene hemoglobina, la sustancia que transporta el oxígeno. La sangre pobre en oxígeno es de color rojo oscuro.

La sangre que un corazón adulto bombea en un mes llenaría 5,3 camiones cisterna de 40 000 litros.

LA BALLENA AZUL, EL ANIMAL MÁS GRANDE, TIENE UN **CORAZÓN** DEL TAMAÑO DE UNA MOTOCICLETA.

LOS PULPOS Y LOS CANGREJOS HERRADURA TIENEN LA **SANGRE AZUL** PORQUE CONTIENE COBRE Y NO HIERRO.

¿CUÁN LARGOS SON TUS **VASOS SANGUÍNEOS?**

Se estima que el cuerpo de **un adulto** puede tener hasta **160 000 km** de vasos sanguíneos, y **97 000 km** el de **un niño**.

Hay tres tipos principales de vasos sanguíneos: arterias, venas y capilares. Todos juntos cubren una distancia tan grande porque deben alcanzar todas las células del cuerpo, para llevarles nutrientes y oxígeno y retirar sus desechos.

La sangre sale del corazón, viaja por las arterias (en rojo) a los diversos tejidos y vuelve por las venas (en azul).

En los tejidos, las arterias (como las dos que se ven aquí en cada dedo) se ramifican en muchos vasos menores llamados capilares.

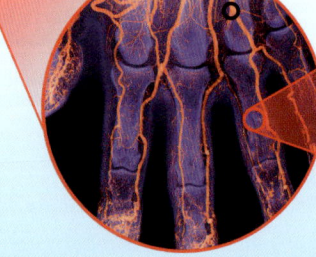

DEDOS FRÍOS

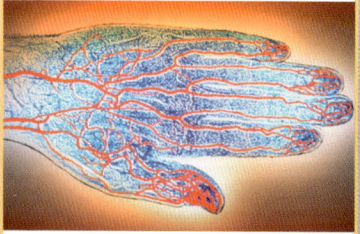

Aunque las arterias (en rojo en este escáner coloreado) llegan hasta la punta de los dedos, a veces las manos se sienten frías. Esto se debe a que el cuerpo restringe el flujo de la sangre a las manos para mantener caliente el resto del cuerpo.

LA MÉDULA ÓSEA ROJA DE LOS HUESOS CREA **2,4 MILLONES** DE GLÓBULOS ROJOS NUEVOS POR SEGUNDO.

LOS GLÓBULOS ROJOS SON EL **40 %** DE LA SANGRE, Y UNOS 5000 DE ELLOS CABRÍAN EN ESTE PUNTO.

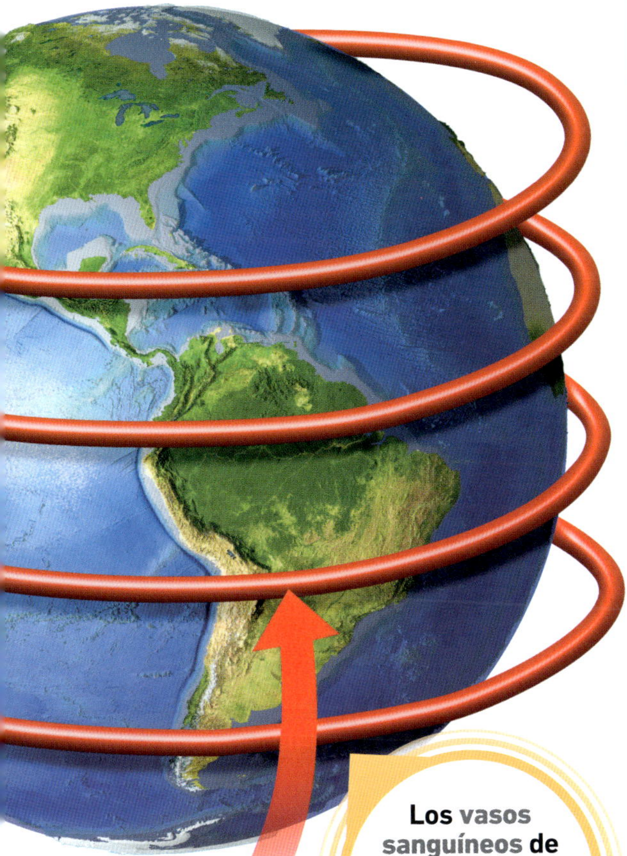

DATOS

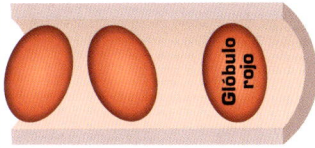

Capilar

Algunos capilares son tan delgados que los glóbulos rojos solo pueden pasar por ellos de uno en uno. El vaso sanguíneo más ancho es la arteria llamada aorta, de unos 3 cm de diámetro en su parte más amplia, esto es, unas 6000 veces más ancha que el capilar más fino.

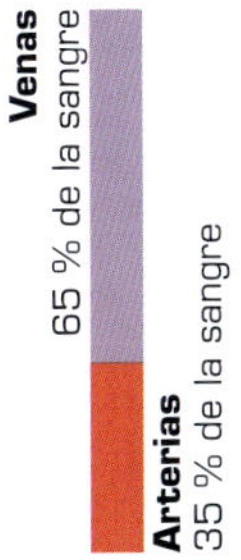

Venas
65 % de la sangre

Arterias
35 % de la sangre

En cualquier momento hay más sangre en las venas que en las arterias. Las venas son más anchas por dentro que las arterias (pues tienen paredes más delgadas) y la sangre circula más despacio por ellas.

Londres-Colonia
498 km

Un glóbulo rojo viaja unos 4 km por el cuerpo cada día. A lo largo de su vida, de unos 120 días, un glóbulo rojo recorrerá cerca de 480 km, casi la distancia entre Londres y Colonia.

Los vasos sanguíneos de un adulto podrían dar la vuelta al mundo cuatro veces.

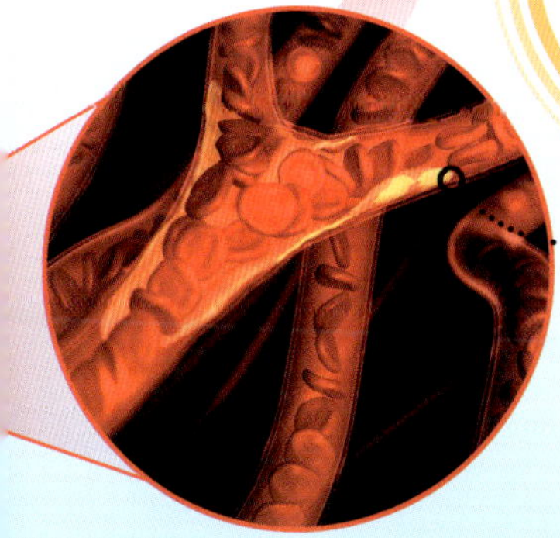

Los capilares son muy finos: en el ancho de un cabello caben unos 20 de los más menudos. Así, los glóbulos rojos deben pasar por ellos de uno en uno. Asimismo, sus delgadas paredes permiten la filtración de sustancias entre la sangre y los tejidos.

TODAS LAS CÉLULAS DEL CUERPO HUMANO RECIBEN SANGRE DEL CORAZÓN, EXCEPTO LA CÓRNEA.

LA BALLENA AZUL ES TAN GRANDE QUE SU AORTA ES DEL TAMAÑO DE UN PLATO.

¿CUÁNTO PESAN
TUS HUESOS?

Lo cierto es que los **huesos** son muy **ligeros**: tu **esqueleto** representa solo el **15 % de tu peso corporal**.

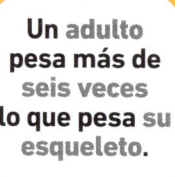

Un **adulto** **pesa más de** **seis veces** **lo que pesa su** **esqueleto**.

El hueso hioides, en la garganta, es uno de los pocos que no está unido a ningún otro.

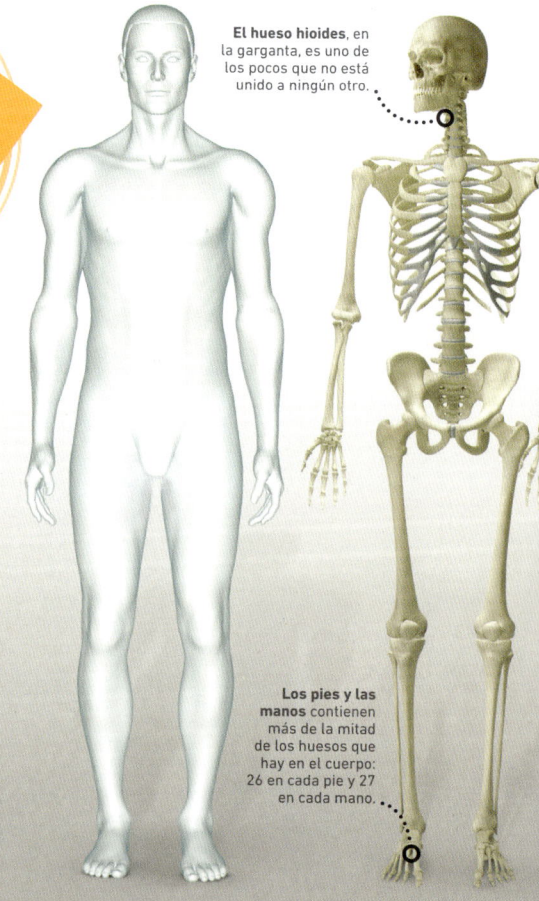

DENTRO DE UN HUESO

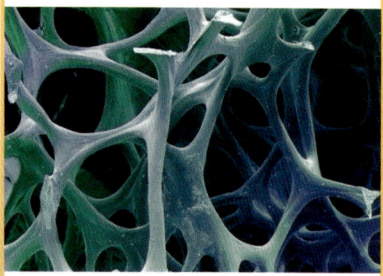

Aunque son muy fuertes, los huesos son ligeros porque no son macizos. Dentro del hueso compacto, duro y denso, existe «hueso esponjoso» con aspecto de panal (en falso color en la imagen). Los huecos están rellenos de tuétano blando.

Los pies y las manos contienen más de la mitad de los huesos que hay en el cuerpo: 26 en cada pie y 27 en cada mano.

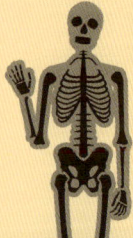

EL FLEXIBLE COLÁGENO DE LOS HUESOS SE RENUEVA CONSTANTEMENTE, POR LO QUE EL **ESQUELETO** SE RENUEVA CADA 10 AÑOS.

EL **CRÁNEO** CONSTA DE 22 HUESOS, PERO LA MANDÍBULA (MAXILAR INFERIOR) ES EL ÚNICO QUE SE MUEVE.

DATOS

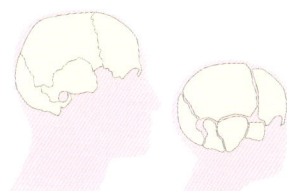

Cráneo de adulto

Cráneo de bebé

Los bebés nacen con unos 300 huesos, muchos de los cuales, como los del cráneo, acaban uniéndose, de modo que la mayoría de los adultos tienen 206 huesos.

1733 kg

Dado de hueso

El hueso es increíblemente resistente. Un dado de hueso de 1 cm de lado podría soportar 1733 kg, el peso de un hipopótamo macho adulto.

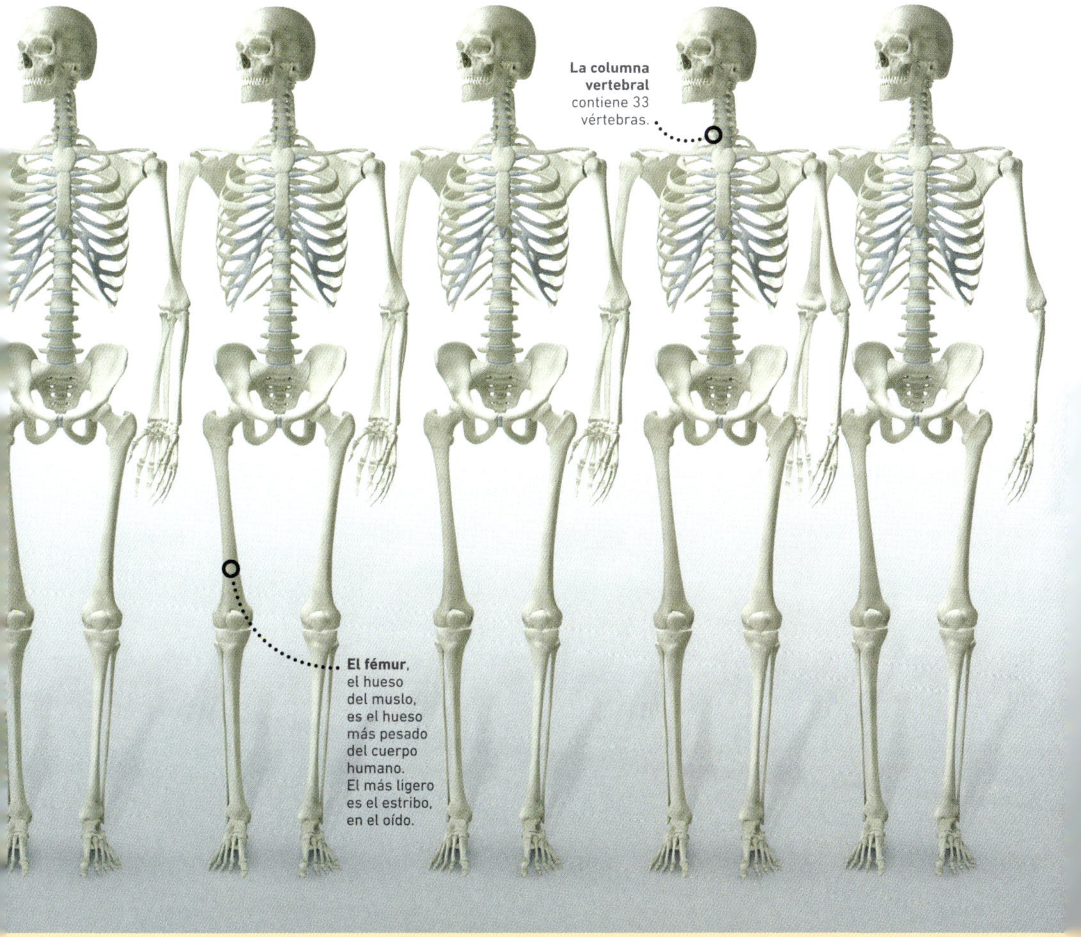

La columna vertebral contiene 33 vértebras.

El fémur, el hueso del muslo, es el hueso más pesado del cuerpo humano. El más ligero es el estribo, en el oído.

SOMOS 0,5 CM **MÁS ALTOS** POR LA MAÑANA PORQUE AL DORMIR LA COLUMNA NO HA TENIDO QUE SOPORTAR EL PESO DEL CUERPO.

EL CUELLO DE LA **JIRAFA** TIENE SIETE HUESOS, ¡EXACTAMENTE EL MISMO NÚMERO QUE EL DE UNA PERSONA!

DATOS

Unos ojos grandes permiten a los animales una visión más nítida y aguda. Los tarseros tienen unos de los mayores ojos en relación con su tamaño; los necesitan para cazar insectos por la noche en la selva: ¡Cada ojo es del tamaño de su cerebro! El ojo humano es proporcionalmente mucho más pequeño.

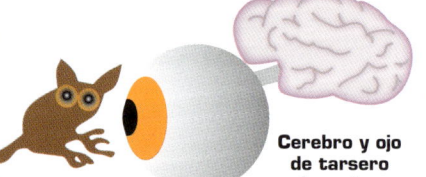

Cerebro y ojo de tarsero
(tamaños relativos)

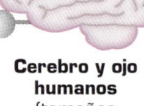

Cerebro y ojo humanos
(tamaños relativos)

¿QUIÉN TIENE LOS OJOS
MÁS GRANDES?

Los **ojos** del **calamar colosal**, una especie poco conocida mayor que el calamar gigante, tienen hasta **27 cm** de diámetro en los especímenes estudiados.

VISIÓN PREHISTÓRICA

El ictiosaurio, reptil extinto, tenía ojos de hasta 30 cm de diámetro. Como a los grandes calamares, sus enormes ojos le debían de servir para ver en la oscuridad y cazar en las profundidades marinas.

Ojo humano
2,4 cm de diámetro

Ojo de caballo
4 cm de diámetro

LOS **NIÑOS** SON MÁS PROPENSOS QUE LAS NIÑAS AL DALTONISMO (DIFICULTAD PARA VER LOS TONOS ROJOS Y VERDES).

EL OJO HUMANO **PARPADEA** UNAS 15 VECES/MINUTO PARA LIMPIARSE Y PROTEGERSE.

El cristalino del ojo del calamar colosal es esférico y del tamaño de una naranja.

O

El mayor ojo de calamar colosal estudiado tenía el mismo diámetro que 11 ojos humanos.

Ojo de ballena azul
15 cm de diámetro

Ojo de calamar colosal
27 cm de diámetro. (Los expertos creen que puede alcanzar los 30-40 cm de diámetro, ¡como una pelota de playa!)

EL **MARRÓN** ES EL COLOR DE OJOS MÁS FRECUENTE: MÁS DE LA MITAD DE LA POBLACIÓN.

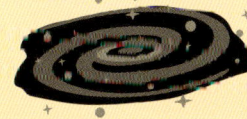

LA GALAXIA DE ANDRÓMEDA, A 2,5 MILLONES DE AÑOS LUZ, SE VE A SIMPLE VISTA.

¿QUIÉN TIENE LOS DIENTES
MÁS GRANDES?

Los **elefantes africanos** tienen los **mayores dientes** de todo el reino animal. Poseen **enormes molares** para masticar la vegetación y unos **grandes colmillos** característicos.

El molar de un **elefante** africano tiene hasta 10 surcos profundos, idóneos para triturar las ramas de los árboles.

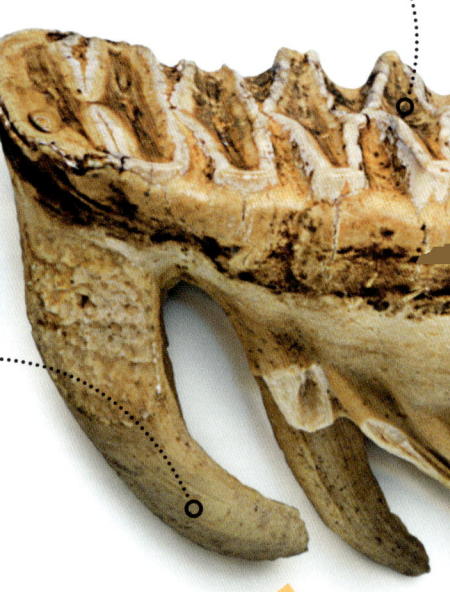

Las raíces se hunden en la encía. Cuando el molar está recién formado, sus raíces son verticales, pero a medida que se adelanta en la mandíbula, las raíces se retraen.

DIENTES DE PEZ VÍBORA

Los dientes del pez víbora son tan largos que sobresalen cuando cierra la boca; como dagas transparentes, son idóneos para atrapar peces que viven en lo más profundo del océano.

Sobre un molar de elefante caben unas 65 muelas humanas.

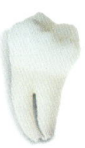

Los molares humanos suelen medir unos 2 cm de la corona a la raíz. Solo desarrollamos dos dentaduras a lo largo de la vida.

LA BABOSA ARCOÍRIS, QUE VIVE EN EL OCÉANO, TIENE MÁS DE 700 000 DIENTES, TODO UN RÉCORD EN EL REINO ANIMAL.

EL CARACOL DE JARDÍN TIENE MÁS DE 14 000 DIENTES EN TODA SU VIDA, MÁS QUE NINGÚN OTRO ANIMAL TERRESTRE.

El elefante tiene cuatro molares (dientes posteriores) que pueden alcanzar hasta 21 cm de longitud y 7 cm de anchura, y pesar hasta 4 kg. Aunque el esmalte dental es la sustancia más dura del cuerpo, los dientes se desgastan y son reemplazados seis veces a lo largo de la vida del elefante.

La corona es la parte del diente que sobresale por encima de la encía.

Los surcos de la raíz muestran que el molar se compone de hasta 12 placas que se fueron fusionando a medida que crecían.

Los dientes posteriores de un león tienen unos 3 cm de anchura, son afilados como cuchillas y trabajan por pares, como unas tijeras, para cortar la carne.

DATOS

Los colmillos son dientes delanteros que sirven para cavar, luchar, levantar pesos o para el cortejo. Las morsas los usan para picar el hielo y salir del agua.

Colmillo de elefante africano 3 m

Colmillo de narval 2,7 m

Colmillo de morsa 1 m

Colmillo de facóquero 45 cm

Colmillo de babirusa 30 cm

Un antiguo pez semejante al tiburón llamado *Helicoprion* carecía de dientes en la mandíbula superior, y en la inferior tenía unos dientes en forma de sierra espiral. No sabemos con certeza cómo los usaba; quizá cortaban la carne de la presa al tiempo que la empujaban hacia la garganta para tragarla.

La dentadura serrada salía en espiral de la boca

El tiburón blanco tiene dientes serrados. Los mayores pueden medir 7 cm de la base a la punta.

Todos los dientes se muestran a su tamaño proporcional

LAS FRESAS SON UN DENTÍFRICO NATURAL PORQUE SUS ÁCIDOS PUEDEN ELIMINAR LAS MANCHAS.

EL TIBURÓN BALLENA ES EL PEZ MÁS GRANDE DEL MUNDO, PERO TIENE DIENTES DIMINUTOS DE SOLO 6 MM DE LONGITUD.

El cuerpo

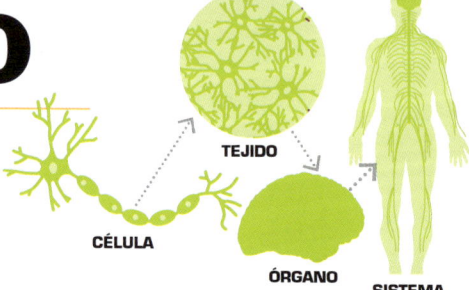

TEJIDO

CÉLULA

ÓRGANO

SISTEMA

UN CUERPO **ORGANIZADO**

Las células, elementos básicos del cuerpo, se organizan en **estructuras más complejas** llamadas **tejidos**, que, a su vez, se combinan para formar **órganos**, que integran los **sistemas** que controlan las funciones corporales. El cuerpo tiene **muchos sistemas diferentes**, como el sistema nervioso (derecha).

INGREDIENTES VITALES

Un cuerpo humano adulto contiene:

suficiente **fósforo** para hacer **220 cerillas**

suficiente **hierro** para hacer un

clavo de 7 cm de longitud

suficiente **carbono** para la mina de **900 lápices**

suficiente **grasa** para **75 velas**

EN **COMPAÑÍA**

El cuerpo humano está formado aproximadamente por **100 billones de células.** Y cada cuerpo alberga asimismo **10 veces más de bacterias**; juntas, estas podrían llenar un recipiente de hasta **dos litros.**

RESPIRA **HONDO**

El ritmo de la respiración humana depende de la actividad física: varía de las **12-15 inspiraciones por minuto** en **reposo** a las **45-50 inspiraciones por minuto** durante el **ejercicio intenso.**

10 % — 18,5 % — 65 % — 6,5 %

AL MENOS EL 93 % DEL CUERPO LO FORMAN TRES ELEMENTOS CLAVE: OXÍGENO (65 %), CARBONO (18,5 %) E HIDRÓGENO (10 %).

EL CUERPO HUMANO CONTIENE UNA CANTIDAD ÍNFIMA DE ORO, SOBRE TODO EN LA SANGRE.

A LO LARGO DE SU VIDA, EL SER HUMANO MEDIO:

• producirá **28 m** de uñas, longitud algo superior a la de una piscina estándar • pasará sentado en el váter un total de **3 años** • producirá cerca de **40 000 litros** de orina • trabajará durante un total de **9 años** • desprenderá unos **250 kg** de piel muerta • pestañeará **415 millones** de veces • hablará durante **12 años** • producirá **950 km** de cabello, la longitud aproximada del Reino Unido.

REPRODUCCIÓN

• Los elefantes tienen un periodo de gestación largo, de **22 meses** para una sola cría.

• Las termitas reina pueden poner **30 000 huevos** al día.

• El pez luna produce más huevos que cualquier otro vertebrado conocido: en cada periodo de apareamiento esparce hasta **300 millones de huevos** por el océano.

ALIMENTACIÓN

Una ballena azul adulta puede comer **3,5 toneladas de krill** (pequeños crustáceos) en un solo día: el peso de **3 coches pequeños.**

Las efímeras adultas no comen nada en absoluto. Viven tan solo unas horas, que dedican principalmente a la reproducción.

GRANDES
Y PEQUEÑOS

El cuerpo de un humano adulto tiene
206 huesos.
El **más largo** es el fémur, el hueso del muslo. Los más cortos son los tres huesecillos (osículos) del oído.

OSÍCULOS AUDITIVOS

FÉMUR

ESPECTRO AUDITIVO

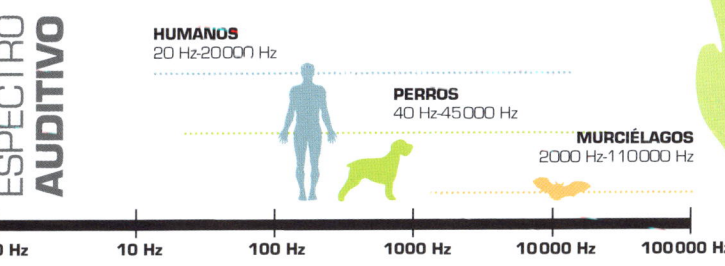

HUMANOS
20 Hz-20000 Hz

PERROS
40 Hz-45000 Hz

MURCIÉLAGOS
2000 Hz-110000 Hz

| 0 Hz | 10 Hz | 100 Hz | 1000 Hz | 10000 Hz | 100000 Hz |

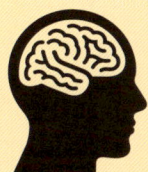

HAY GLÓBULOS BLANCOS QUE DURAN MENOS DE UN DÍA Y CÉLULAS NERVIOSAS DEL CEREBRO QUE DURAN TODA LA VIDA.

EL SISTEMA DIGESTIVO MIDE MÁS DE 7 M DESDE LA BOCA HASTA EL ANO.

¿CUÁL ES EL
MAYOR ANIMAL?

El **animal más grande** del **planeta**, con **30 m** de longitud, es la **ballena azul**. Es el animal **más pesado** que ha vivido jamás, **dinosaurios** incluidos.

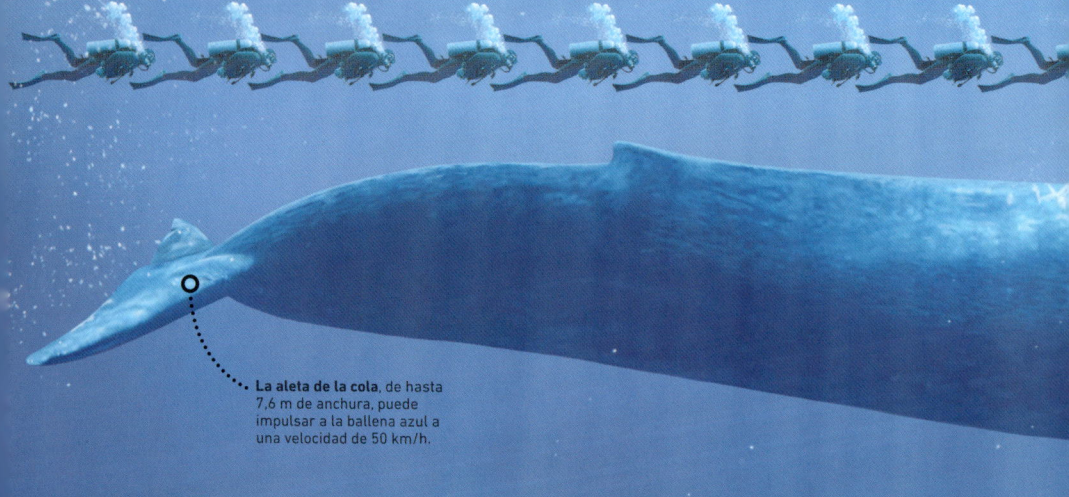

La aleta de la cola, de hasta 7,6 m de anchura, puede impulsar a la ballena azul a una velocidad de 50 km/h.

DATOS

Ballena azul

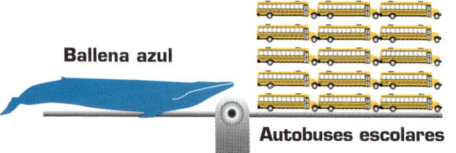

Autobuses escolares

La ballena azul es más larga que una cancha de baloncesto y puede pesar hasta 180 toneladas, como 15 autobuses escolares juntos.

Las ballenas azules emiten ruidos más potentes que un avión al despegar. Producen sonidos de muy baja frecuencia a un volumen de unos 188 decibelios, que son audibles a miles de kilómetros.

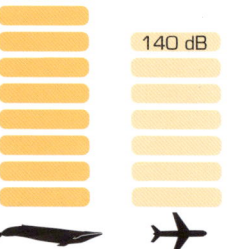

188 dB

140 dB

LAS BALLENAS AZULES **DEBEN SU NOMBRE** A SU PIEL PÁLIDA, QUE BAJO EL AGUA SE VE DE COLOR AZUL.

LAS BALLENAS AZULES EMITEN UN **SILBIDO** PARA EXPRESAR EMOCIONES O ATRAER A OTRAS BALLENAS.

ALIMENTACIÓN POR FILTRACIÓN

Una ballena azul puede comer aproximadamente 3,5 toneladas de krill (pequeños crustáceos) al día. Para ello debe tragar unas 90 toneladas de agua, que luego expulsa y filtra con las barbas que cuelgan de su mandíbula, reteniendo el krill.

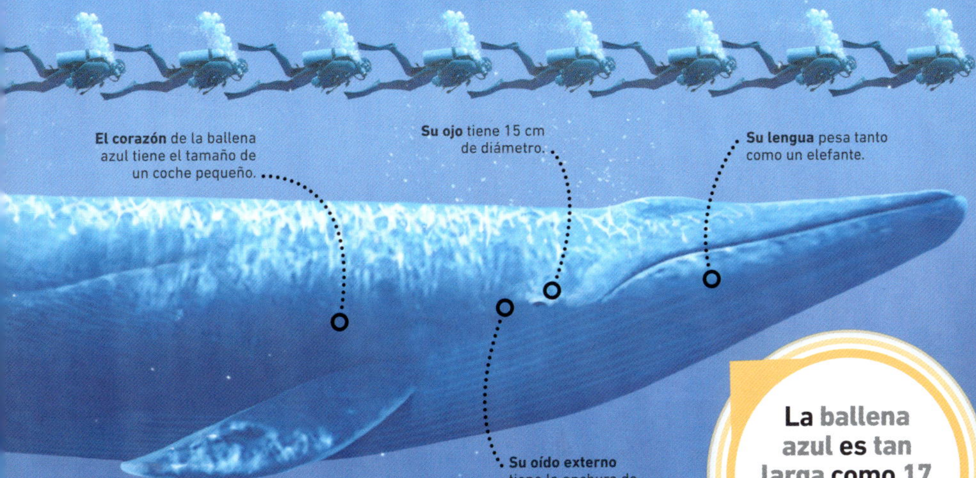

El corazón de la ballena azul tiene el tamaño de un coche pequeño.

Su ojo tiene 15 cm de diámetro.

Su lengua pesa tanto como un elefante.

Su oído externo tiene la anchura de la punta de un lápiz.

La **ballena azul es tan larga como 17 submarinistas en fila.**

A través del espiráculo puede expulsar de una vez 4500 litros de aire a 480 km/h. El chorro resultante alcanza los 9 m de altura, como cinco hombres superpuestos.

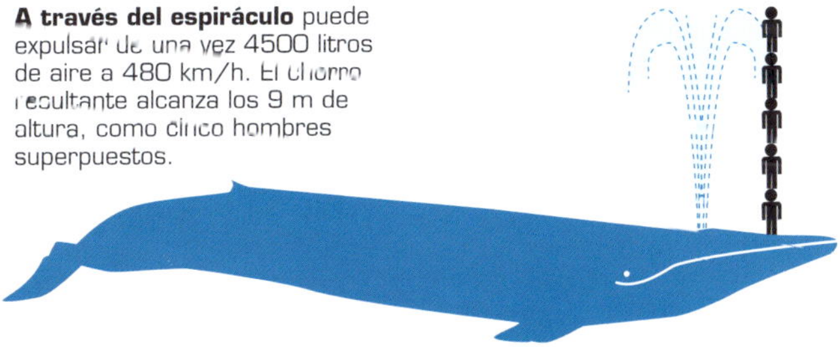

SUELE DESPLAZARSE A 8 KM/H, PERO PUEDE ALCANZAR UNA **VELOCIDAD** DE 32 KM/H DURANTE BREVES PERIODOS.

LAS BALLENAS AZULES VIVEN UNOS **90 AÑOS**. LOS CIENTÍFICOS PUEDEN CALCULAR LA EDAD OBSERVANDO LA CANTIDAD DE CERUMEN.

¿CUÁL FUE EL
MAYOR DINOSAURIO?

En 2014 se descubrieron los **huesos fósiles** del *Patagotitan*, uno de los **animales más grandes** que jamás haya pisado tierra firme. Se trata de un tipo de **titanosaurio** que los **buscadores de fósiles** estiman que pesaba hasta **77 toneladas** y medía **37 m** de largo.

Tenía la longitud de cuatro autobuses y pesaba como 12 elefantes africanos.

La cola podía servirle de apoyo al alzarse sobre sus patas traseras para alcanzar las ramas altas.

DATOS

El nuevo titanosaurio es el mayor de una familia de los saurópodos. Incluso uno de los más pequeños, el *Europasaurus*, medía 6 m de largo y pesaba hasta 1,1 toneladas.

Europasaurus   Titanosaurio

Humano

Pliosaurio

Entre las mayores bestias marinas prehistóricas se encontraban los pliosaurios, que alcanzaban hasta 15 m de longitud.

EN 1842, RICHARD OWEN BAUTIZÓ A ESTAS CRIATURAS COMO DINOSAURIOS, QUE EN GRIEGO SIGNIFICA «LAGARTOS TERRIBLES».

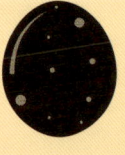

LOS TITANOSAURIOS ERAN COLOSALES, ¡PERO SUS **HUEVOS** NO ERAN MÁS GRANDES QUE LOS DEL AVESTRUZ!

ANTES DE LOS DINOSAURIOS

Antes de los dinosaurios no había grandes animales en tierra, pero sí en los océanos. Pterygotus, un escorpión marino gigante que vivió hace 400 millones de años, podía alcanzar los 2,3 m de longitud, más que un humano adulto.

Los huesos fósiles se descubrieron en la Patagonia, al sur de Argentina, y revelaron que se trataba de un ejemplar adolescente que ¡aún estaba creciendo!

La pequeña cabeza no tenía mandíbulas para masticar la comida: simplemente la engullían.

Su largo cuello le permitía comer del suelo o de los árboles. Necesitaba comer mucho: un contenedor de vegetación todos los días.

Patagotitan
37 m de longitud

Autobús de dos pisos
9,5 m de longitud

LOS CIENTÍFICOS CALCULAN EL TAMAÑO DEL *PATAGOTITAN* A PARTIR DE LA LONGITUD DE SUS HUESOS: SOLO EL **FÉMUR** MEDÍA UNOS 2,4 M DE LARGO.

NO TODOS LOS TITANOSAURIOS ERAN GIGANTES; ASÍ, *SALTASAURUS* ¡NO ERA MÁS GRANDE QUE UN AUTOBÚS!

¿CUÁL FUE EL MAYOR
DEPREDADOR
TERRESTRE?

Uno de los **depredadores más grandes** que ha vivido en **tierra firme** ha sido *Spinosaurus*, un dinosaurio de **18 m** de longitud.

Spinosaurus vivió hace unos 100 millones de años. Se alimentaba de peces y otros animales, incluso de dinosaurios.

Este hombre adulto mide aproximadamente 1,8 m.

El oso polar macho es el mayor depredador terrestre actual. Puede alcanzar 1,5 m de altura y 3 m de longitud.

LOS ORIFICIOS DEL HOCICO DE *SPINOSAURUS* **DEBÍAN DE AYUDARLE A DETECTAR PECES EN LAS AGUAS TURBIAS.**

SPINOSAURUS **TENÍA UNOS DIENTES AFILADOS PARA ATRAPAR LOS RESBALADIZOS PECES.**

El tamaño de *Spinosaurus* quedaba realzado por las largas espinas que salían de su columna vertebral formando una alta cresta o «vela».

Spinosaurus **era unas cinco veces más largo** que un **oso polar.**

TIGRE DIENTES DE SABLE

Smilodon fue uno de los mayores felinos que ha existido. Con 2 m de longitud, tenía tamaño suficiente para atacar y comerse un mamut. Se cree que primero derribaba a su presa y a continuación la mataba con sus grandes caninos.

La gran cola del dinosaurio compensaba el peso de la cabeza y el cuello, permitiéndole caminar sobre las patas traseras.

DATOS

Tigre siberiano

Andrewsarchus

Mapusaurus

Giganotosaurus

Tyrannosaurus rex

Andrewsarchus, similar a un lobo gigante, fue el mayor mamífero carnívoro que ha existido. Con unos 3,4 m de longitud, era casi el doble de largo que el actual tigre siberiano.

Algunos de los dinosaurios carnívoros más grandes eran *Mapusaurus, Giganotosaurus* y *Tyrannosaurus*. Como Spinosaurus, vivieron en el periodo Cretácico.

ADEMÁS DE DIENTES, *SPINOSAURUS* CONTABA CON UNAS **GARRAS CURVAS** MORTALES.

TENÍA LAS FOSAS NASALES EN LA PUNTA DEL HOCICO, POR LO QUE PODÍA **RESPIRAR** CASI SUMERGIDO.

¿CUÁL FUE LA
MAYOR SERPIENTE?

Titanoboa fue una **serpiente enorme** que medía hasta **14,6 m**, más que un autobús escolar. Vivió hace unos **60 millones de años** en los **pantanos selváticos** de la actual **Colombia**.

No se conoce el color de *Titanoboa*. El de la imagen se inspira en el de la anaconda, que es una de las mayores serpientes de la actualidad.

HÁBITOS ALIMENTARIOS

Las grandes serpientes como las pitones pueden comer presas más anchas que ellas mismas. Como no pueden masticar, deben tragarlas enteras, y su digestión consume tanta energía que la serpiente permanece varios días inactiva.

Las serpientes respiran por una abertura llamada glotis, que se desplaza a un lado para permitirles respirar mientras tragan lentamente su presa.

COMO LAS SERPIENTES DE HOY, SU **MANDÍBULA INFERIOR** ERA FLEXIBLE Y PODÍA TRAGAR A SUS PRESAS ENTERAS.

TITANOBOA SE **ALIMENTABA** DE COCODRILOS, TORTUGAS GIGANTES Y PECES.

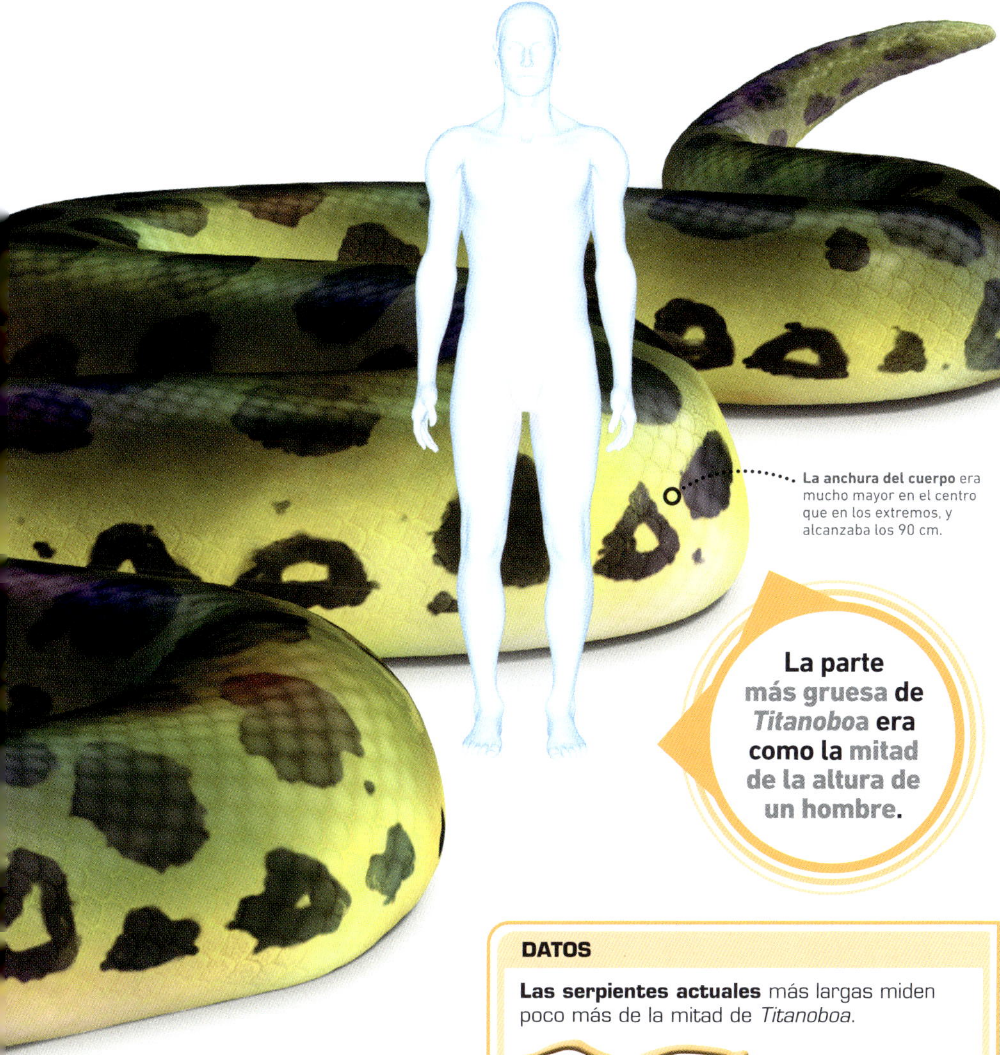

La **anchura del cuerpo** era mucho mayor en el centro que en los extremos, y alcanzaba los 90 cm.

La parte **más gruesa** de *Titanoboa* **era como la mitad de la altura de un hombre.**

DATOS

Las serpientes actuales más largas miden poco más de la mitad de *Titanoboa*.

Cobra real 5,5 m

Pitón de la India 6,4 m

Anaconda verde 9 m

Pitón reticulada 10 m

Titanoboa **pesaba** más de una tonelada, como un coche mediano, lo suficiente para atacar tortugas y cocodrilos gigantes. Los expertos atribuyen su enorme tamaño a que el clima era más cálido hace 60 millones de años, pues los reptiles actuales suelen ser mayores en los climas más cálidos.

LAS MANDÍBULAS ESTABAN LLENAS DE **DIENTES CURVADOS.** ¡PERFECTAS PARA AGARRAR PRESAS!

AL DESCUBRIRSE LOS PRIMEROS **FÓSILES,** SE CONFUNDIERON CON LOS DE COCODRILOS.

La aleta de la cola de *Megalodon* le propulsaba para nadar y cazar.

¿CUÁN GRANDE FUE
EL MAYOR
TIBURÓN?

El **mayor tiburón** que ha existido fue *Megalodon*, que pudo alcanzar los **20 m** de **longitud**. Se extinguió hace **1,5 millones de años**.

MOSASAURUS

Megalodon fue uno de los mayores depredadores que ha existido, si bien muchos otros depredadores oceánicos han alcanzado unos tamaños monstruosos. *Mosasaurus*, de 15 m de longitud, vivió hace unos 65 millones de años.

MEGALODON **MORDÍA** UNAS 10 VECES MÁS FUERTE QUE EL GRAN TIBURÓN BLANCO.

TRES *MEGALODON* TENÍAN UNA **MASA** SIMILAR A LA DE UN AVIÓN COMERCIAL.

La aleta dorsal de *Megalodon* podía ser más alta que un hombre.

Sus aletas pectorales servían para sustentarlo y evitar que se hundiera.

Megalodon **podía ser entre 7 y 11 veces más largo que un submarinista.**

Algunos expertos creen que *Megalodon* era muy similar al actual tiburón blanco, pero mucho mayor. Con todo, su parentesco podría ser más bien lejano. Apareció hace 16-17 millones de años y vivió en todos los océanos del mundo.

DATOS

El mayor tiburón actual no es el blanco, sino el tiburón ballena, una bestia apacible que se alimenta de plancton (unos pequeños organismos flotantes). El tiburón blanco es el mayor de los tiburones depredadores.

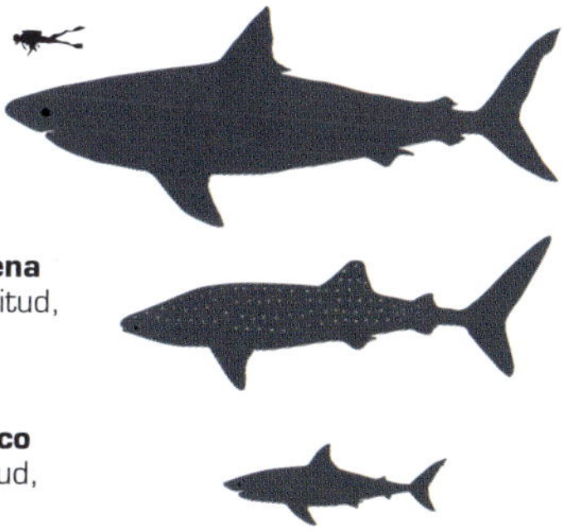

Megalodon
16-20 m de longitud, 50 toneladas

Tiburón ballena
18 m de longitud, 20 toneladas

Tiburón blanco
7 m de longitud, 2 toneladas

Los grandes dientes de *Megalodon* son sus fósiles más abundantes. Tienen la misma forma que los dientes del tiburón blanco, pero son tres veces más grandes.

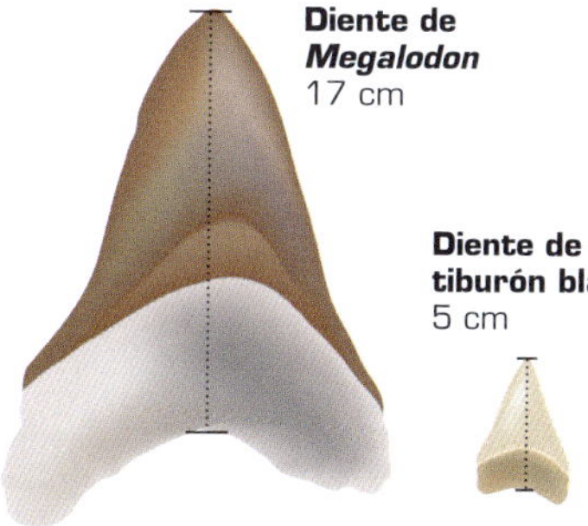

Diente de Megalodon
17 cm

Diente de tiburón blanco
5 cm

EL ESQUELETO DE *MEGALODON* **ESTABA HECHO PRINCIPALMENTE DE CARTÍLAGO, COMO TU OREJA.**

LOS TIBURONES EXISTEN DESDE HACE UNOS 450 MILLONES DE AÑOS, MUCHO ANTES QUE LOS DINOSAURIOS.

Los pedipalpos no son patas, sino largas piezas bucales.

La envergadura de la araña se mide desde la punta de la primera pata de un lado hasta la punta de la cuarta pata del otro.

Los colmillos de la araña, de 20 mm de longitud, se esconden bajo piezas bucales cubiertas de pelo.

Los pelos que cubren el cuerpo de la araña pueden causar irritación e hinchazón en la piel humana. Puede moverlos rápidamente para defenderse.

La tarántula Goliat es una especie de araña que vive en América del Sur. Aunque puede alimentarse de aves, suele comer murciélagos, insectos, roedores, culebras y lagartos. Se lanza sobre sus presas y les inyecta veneno con sus colmillos.

LA HEMBRA DE LA TARÁNTULA GOLIAT **PUEDE VIVIR** HASTA UNOS 20 AÑOS.

LOS MACHOS SOLO VIVEN DE 3 A 6 AÑOS Y MUEREN POCO DESPUÉS DE APAREARSE.

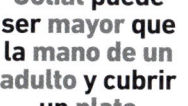

La **tarántula Goliat** puede ser **mayor** que la mano de un **adulto** y cubrir un **plato llano!**

ARAÑA CAZADORA GIGANTE

Se cree que la araña con las patas más largas es la cazadora gigante de Laos, en el Sudeste Asiático. Si bien su cuerpo solo mide 4,6 cm de longitud, su envergadura puede alcanzar los 30 cm.

¿CUÁL ES LA MAYOR ARAÑA?

La **araña más pesada** es la **tarántula Goliat**, que puede **pesar** hasta **175 g**. La mayor que se ha medido tenía una **envergadura** de **28 cm**.

La **tarántula Goliat** frota los pelos de sus patas para producir un ruido de advertencia a sus depredadores.

DATOS

La araña *Caerostris darwini* puede tejer telas de la anchura de una autopista de seis carriles (unos 25 m). Su seda es muy resistente, 10 veces más que el Kevlar, material usado en chalecos antibalas.

Todas las arañas son venenosas, y algunas tienen un veneno lo bastante letal como para matar docenas de ratones. Aunque suelen ser inofensivas para los humanos, cuidado con estas...

Ratones muertos por una milésima de gramo de veneno

Viuda negra americana 12,5 ratones

Viuda negra europea 37 ratones

Araña del banano 41 ratones

NO PUEDE DIGERIR ALIMENTOS SÓLIDOS: **LICUA** EL CUERPO DE SUS PRESAS Y LO SUCCIONA HASTA DEJARLAS SECAS.

SUS COLMILLOS MIDEN 2 CM DE LARGO. PARA UNA PERSONA, UNA MORDEDURA DE GOLIAT ES COMO UNA **PICADURA DE AVISPA**.

¿CUÁL ES EL
MAYOR
INSECTO?

Aunque existen varios candidatos, la **mariposa atlas** tiene las mayores alas, de **25 cm** de **envergadura** y una **superficie alar** de **400 cm²**.

Las antenas estrechas indican que se trata de una hembra, mayor y más pesada que el macho. Este tiene unas antenas mayores y más plumosas, que emplea para detectar las feromonas que liberan las hembras.

El grueso abdomen de la hembra es una factoría de huevos.

WETA GIGANTE

El weta gigante, uno de los insectos más pesados del mundo, vive en las selvas de Nueva Zelanda. Se alimenta de hojas tiernas en su hábitat boscoso y alcanza el tamaño de un ratón: con 70 g, los mayores son como tres ratones caseros.

LA MARIPOSA DEBE SU NOMBRE AL DIOS GRIEGO **ATLAS**, QUE LLEVABA EL MUNDO A SUS ESPALDAS.

LAS ORUGAS SON TAMBIÉN ENORMES: Y SE PASAN EL DÍA COMIENDO **HOJAS**.

La mariposa atlas del Sudeste Asiático es el mayor insecto por su superficie alar, pero la mariposa emperador de América Central y del Sur tiene la mayor envergadura, unos 31 cm.

La mariposa atlas **es mucho mayor que la mano de un humano adulto.**

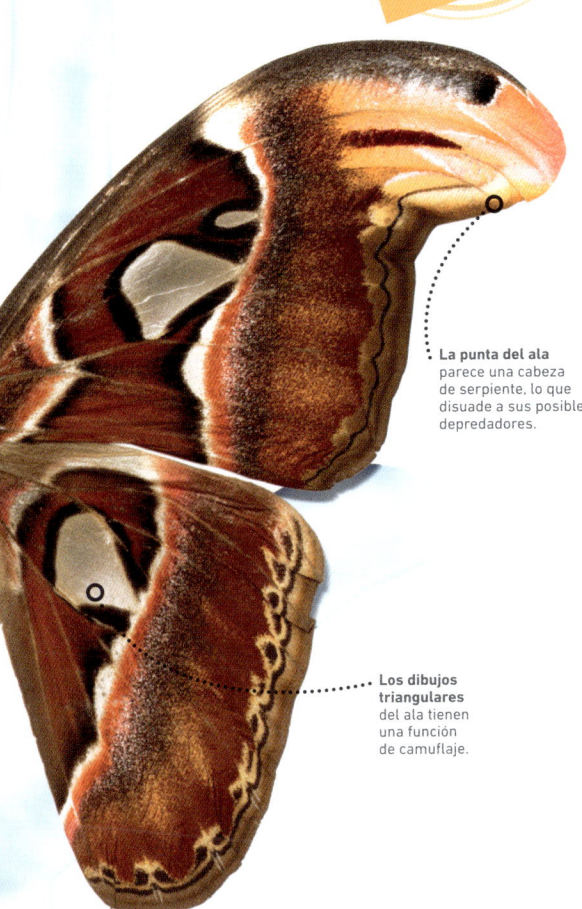

La punta del ala parece una cabeza de serpiente, lo que disuade a sus posibles depredadores.

Los dibujos triangulares del ala tienen una función de camuflaje.

DATOS

Existen otros insectos que compiten por el título de mayor insecto vivo. He aquí algunos candidatos.

El escarabajo titán de la selva sudamericana puede alcanzar los 16,5 cm de longitud, tanto como una rata. Sus mandíbulas pueden partir un lápiz.

Rata

Escarabajo titán

Los insectos palo pueden ser aún más largos. Con las patas extendidas, el insecto palo de Borneo (Malasia) mide 56,7 cm, más que este libro.

Larva de escarabajo Goliat

Algunos insectos tienen larvas enormes. Sin lugar a dudas, unas de las mayores y más pesadas son las del escarabajo Goliat africano, que alcanzan los 13 cm de longitud y un peso de 100 g.

CUANDO ES ADULTA, LA MARIPOSA NO COME NADA: VIVE DE LAS RESERVAS ALMACENADAS DE CUANDO ERA ORUGA.

MUERE CUANDO SE QUEDA SIN ENERGÍA PARA MOVER SUS ENORMES ALAS.

El largo **hueso** de un dedo recorría el borde delantero del ala de Quetzalcoatlus y la mantenía extendida.

Las alas de *Quetzalcoatlus* eran más largas que las de un biplano Tiger Moth.

¿QUÉ ANIMAL TUVO LAS
MAYORES ALAS?

El **mayor animal volador** fue un **pterosaurio** llamado *Quetzalcoatlus*, que vivió hace unos 68 millones de años junto con sus parientes, los **dinosaurios**. El mayor tenía una **envergadura** de **más de 10 m**.

QUETZALCOATLUS PODÍA QUEMAR UNOS 72 KG DE GRASA EN UN **VUELO LARGO**.

UN PTEROSAURIO PODÍA VOLAR **DISTANCIAS** DE HASTA 16 000 KM.

DATOS

Aquí se compara la envergadura de *Quetzalcoatlus* con la de otros grandes animales voladores.

Quetzalcoatlus vivió hace entre 68 y 66 millones de años y tenía una envergadura de 10 m.

Argentavis vivió hace 6 millones de años. Con 7 m de envergadura, era una de las mayores aves voladoras.

La avutarda común es el ave voladora actual más pesada; tiene una envergadura de 2,5 m.

El albatros viajero es el ave actual de mayor envergadura, con 3,5 m.

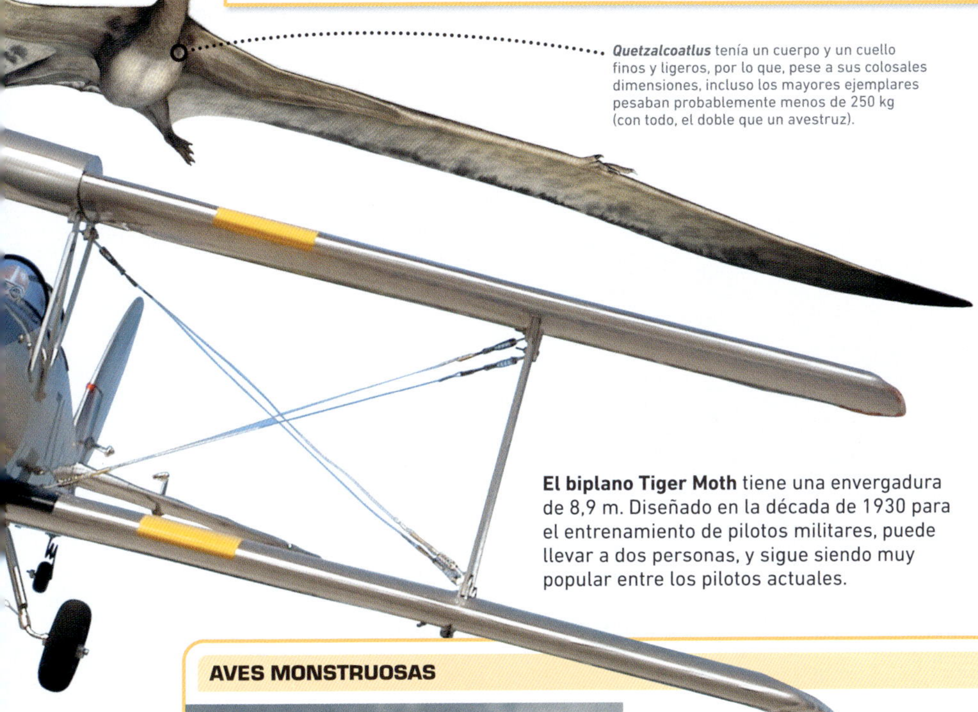

Quetzalcoatlus tenía un cuerpo y un cuello finos y ligeros, por lo que, pese a sus colosales dimensiones, incluso los mayores ejemplares pesaban probablemente menos de 250 kg (con todo, el doble que un avestruz).

El biplano Tiger Moth tiene una envergadura de 8,9 m. Diseñado en la década de 1930 para el entrenamiento de pilotos militares, puede llevar a dos personas, y sigue siendo muy popular entre los pilotos actuales.

AVES MONSTRUOSAS

Teratornis (izq.) fue un ave semejante al cóndor actual, pero mayor y más pesada. Su pariente próximo *Argentavis* era casi el doble de grande y pesaba tanto como un humano adulto.

EL **PICO** DE *QUETZALCOATLUS* PODÍA MEDIR HASTA 2,5 M DE LARGO, ¡MÁS QUE UNA PERSONA ADULTA!

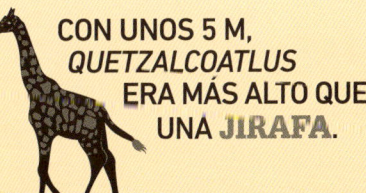

CON UNOS 5 M, *QUETZALCOATLUS* ERA MÁS ALTO QUE UNA **JIRAFA**.

¿CUÁL ES EL AVE
MÁS PEQUEÑA?

El **colibrí zunzuncito**, que solo se halla en Cuba, mide **5,5 cm de longitud** y **pesa** solo **1,6 g.**

DATOS

El colibrí zunzuncito construye un nido en forma de cuenco de unos 2,5 cm de anchura y a base de telarañas, corteza y líquenes; se ha visto alguno construido sobre una pinza de ropa. Sus huevos no son mayores que guisantes.

Su contrapunto es la avutarda común, el ave voladora actual más pesada: con 20,9 kg, pesa tanto como un niño de seis años.

Avutarda común

Ave elefante   **Avestruz**   **Humano**   **Gallina**

El ave actual más pesada, el avestruz, puede pesar casi el doble que una persona adulta. Hace unos pocos cientos de años vivió en Madagascar un ave todavía más pesada, el ave elefante, que pesaba como tres avestruces juntos.

Con una longitud de solo **5,5 cm**, el zunzuncito se **puede posar** en el **extremo** de un **lápiz.**

El **colibrí zunzuncito** es un ave tan activa como diminuta. Se mueve aleteando 80 veces por segundo y su corazón late unas 1220 veces por minuto. Para mantener tal nivel de actividad, necesita alimentarse cada 10-15 minutos, y todos los días consume la mitad de su peso corporal en néctar.

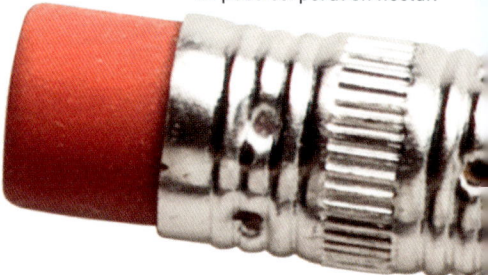

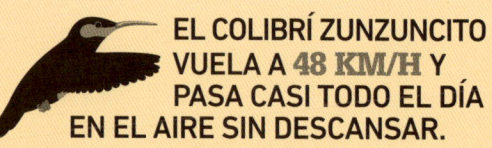

SE CONOCEN MÁS DE **350** ESPECIES DE COLIBRÍES, TODAS EN AMÉRICA.

EL COLIBRÍ ZUNZUNCITO VUELA A **48 KM/H** Y PASA CASI TODO EL DÍA EN EL AIRE SIN DESCANSAR.

El colibrí zunzuncito macho tiene la cabeza y el cuello de color rosa y es aún menor que la hembra.

COLIBRÍ PICOESPADA

No todos los colibríes son minúsculos. Entre los mayores están los picoespada, cuyo pico llega a medir tanto como dos zunzuncitos.

EL **COLIBRÍ ZUNZUNCITO** ES LA ÚNICA AVE QUE PUEDE VOLAR HACIA ATRÁS, Y A VECES ¡INCLUSO CABEZA ABAJO!

EL **METABOLISMO** DEL COLIBRÍ ZUNZUNCITO EQUIVALE AL DE UN HOMBRE MEDIO QUE COMIERA ¡129 KG DE CARNE AL DÍA!

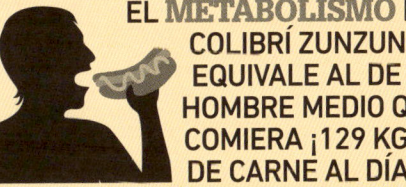

¿QUÉ AVE PONE LOS
MAYORES HUEVOS?

Los **huevos** de la extinta **ave elefante** medían unos **40 cm de largo**. Vivió en **Madagascar** con otras especies gigantes, como los lémures y las tortugas.

Los huevos de emú son inusualmente oscuros; con 13 cm de altura, recuerdan los aguacates.

Emú

Kiwi

Tinamú herrumbroso

Colibrí

Gallina

Pingüino rey

Codorniz

Andarríos chico

Cormorán

Cárabo común

Los huevos más conocidos son los de la gallina doméstica.

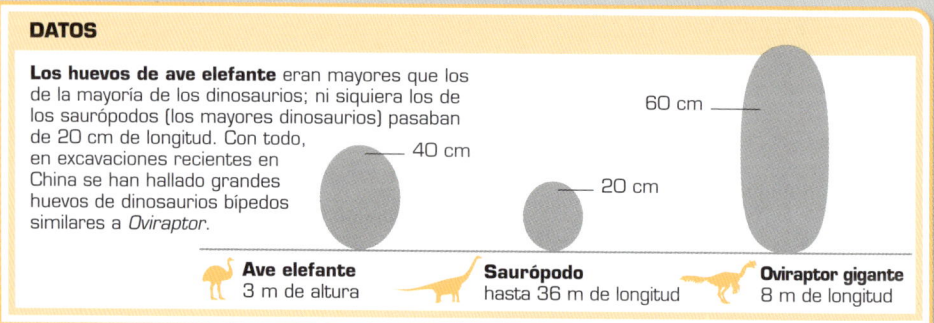

DATOS

Los huevos de ave elefante eran mayores que los de la mayoría de los dinosaurios; ni siquiera los de los saurópodos (los mayores dinosaurios) pasaban de 20 cm de longitud. Con todo, en excavaciones recientes en China se han hallado grandes huevos de dinosaurios bípedos similares a *Oviraptor*.

60 cm

40 cm

20 cm

Ave elefante
3 m de altura

Saurópodo
hasta 36 m de longitud

Oviraptor gigante
8 m de longitud

40 SE HAN HALLADO UNOS 40 **HUEVOS** INTACTOS DE **AVE ELEFANTE**.

ARGENTINOSAURUS PESABA 75 TONELADAS, PERO SUS HUEVOS NO ERAN MAYORES QUE UN MELÓN PEQUEÑO.

El ave elefante se extinguió hace unos 1000 años, pero se conservan muchas cáscaras de sus huevos. Los trozos hallados cerca de antiguos hogares sugieren que sirvieron de alimento a los humanos.

Un huevo de ave elefante es, en términos de volumen, como **200 huevos de gallina** u **11 de avestruz.**

La cáscara del huevo tenía 3,8 mm de grosor y podía soportar el peso de unos 90 ladrillos.

Avestruz

El avestruz es hoy la mayor ave del mundo, y es la que pone los mayores huevos, si bien son los menores en relación con el tamaño de la madre: pesan alrededor de 1,4 kg, más que 20 huevos de gallina.

Ave elefante

Ruiseñor bastardo

HUEVOS DE KIWI

El kiwi pone los mayores huevos en relación con su tamaño: un huevo puede llegar a pesar hasta un quinto del peso de la madre.

Arao común

Alca gigante

Corneja negra

Zarapito

Gavilán

Cuco

Archibebe común

EL **KIWI** ES UNAS 20 VECES MÁS PEQUEÑO QUE EL EMÚ, PERO SUS HUEVOS SON CASI DEL MISMO TAMAÑO.

LOS HUEVOS DE AVE MÁS PEQUEÑOS SON LOS DEL **COLIBRÍ**: ¡NO SON MAYORES QUE LOS GUISANTES!

¿CUÁNTO PUEDE
VOLAR UN AVE?

Se tiene constancia de que **agujas colipintas** han volado **11 680 km sin parar**, desde Alaska hasta Nueva Zelanda, en su **migración anual**.

Corea del Norte

China

Corea del Sur

Japón

Filipinas

Papúa Nueva Guinea

Indonesia

Australia

DATOS

Tierra

Luna

Los charranes árticos migran del Ártico al Antártico y viceversa todos los años. Hay constancia de que algunos han volado 70 900 km en un solo año. A lo largo de sus 30 años de vida pueden recorrer 2,1 millones de km, lo que equivale a más de dos viajes de ida y vuelta a la Luna.

 Planeador 3055 km

 **Avión comercial** (Boeing 777 especialmente adaptado para batir el récord) 21 602 km

 Globo aerostático Breitling Orbiter 40 814 km

Virgin Atlantic GlobalFlyer 41 467 km

Un avión comercial especialmente adaptado puede hacer vuelos más largos que cualquier ave. Arriba se muestran cuatro récords sin paradas de distintos tipos de aparatos.

Cada año, en marzo, las agujas colipintas del Pacífico vuelan hacia el norte desde Nueva Zelanda. Llegan a Alaska para anidar en mayo, tras repostar en China. Su viaje de regreso a Nueva Zelanda puede ser directo y sin paradas.

 LA AGUJA COLIPINTA PASA DOS MESES EN **ALASKA** CUIDANDO DE SUS CRÍAS Y RECOBRANDO FUERZAS.

 LAS COLIPINTAS **AGITAN** SUS LARGAS ALAS A LO LARGO DE SU VIAJE.

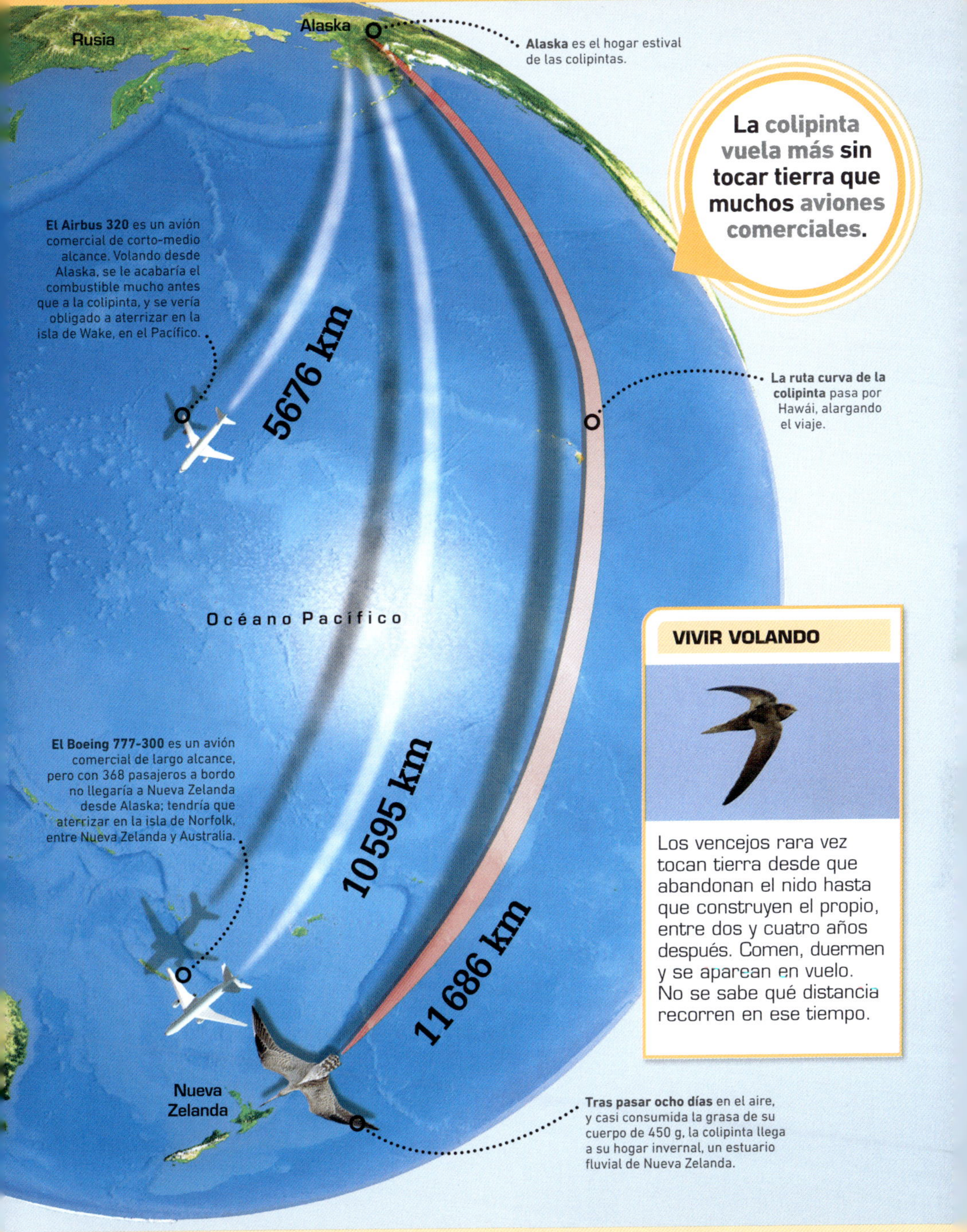

Rusia

Alaska

Alaska es el hogar estival de las colipintas.

La **colipinta** vuela más **sin tocar tierra que muchos aviones comerciales.**

El Airbus 320 es un avión comercial de corto-medio alcance. Volando desde Alaska, se le acabaría el combustible mucho antes que a la colipinta, y se vería obligado a aterrizar en la isla de Wake, en el Pacífico.

5676 km

La ruta curva de la colipinta pasa por Hawái, alargando el viaje.

Océano Pacífico

El Boeing 777-300 es un avión comercial de largo alcance, pero con 368 pasajeros a bordo no llegaría a Nueva Zelanda desde Alaska; tendría que aterrizar en la isla de Norfolk, entre Nueva Zelanda y Australia.

10595 km

11686 km

VIVIR VOLANDO

Los vencejos rara vez tocan tierra desde que abandonan el nido hasta que construyen el propio, entre dos y cuatro años después. Comen, duermen y se aparean en vuelo. No se sabe qué distancia recorren en ese tiempo.

Nueva Zelanda

Tras pasar ocho días en el aire, y casi consumida la grasa de su cuerpo de 450 g, la colipinta llega a su hogar invernal, un estuario fluvial de Nueva Zelanda.

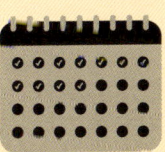

ESTAS TROTAMUNDOS HACEN MÁS DE UN CUARTO DE VUELTA AL PLANETA EN SOLO **11 DÍAS**.

EN 2022, UNA AGUJA COLIPINTA VOLÓ DE ALASKA A TASMANIA, LA DISTANCIA RÉCORD DE 13 560 KM.

¿QUÉ EDAD TIENE EL ÁRBOL MÁS VIEJO?

El **árbol más viejo del mundo** brotó alrededor del año 3050 a.C. y tiene **más de 5065 años.** Se trata de un **pino longevo** de las White Mountains, en California (EE UU).

El pino longevo **más antiguo existe casi desde los inicios de la historia humana.**

1804 Primera locomotora de vapor

c. 800 d.C. Los vikingos atacan el norte de Europa

432 a.C. Se alza el Partenón en Grecia

SEMILLA MÁS ANTIGUA

Al excavarse el palacio de Herodes en Masada (Israel), en la década de 1960, los arqueólogos encontraron semillas de palmera datilera de al menos 2000 años de antigüedad. En 2005 una de las semillas brotó con éxito y se plantó en el kibutz Ketura. A este árbol se le ha llamado Matusalén, como el personaje bíblico al que se atribuye la mayor longevidad.

Cuando brotó la semilla del árbol más antiguo del mundo, los hombres aún escribían con dibujos y símbolos en vez de letras y palabras; la rueda era desconocida en gran parte del mundo; y la civilización del antiguo Egipto apenas acababa de nacer.

c. 3050 a.C. Brota la semilla del árbol

LA APESTOSA **FLOR CADÁVER** TARDA AÑOS EN FLORECER, PERO SOLO DURA UNO O DOS DÍAS.

EL **ÁRBOL DE LA SANGRE DE DRAGÓN** DEBE SU NOMBRE A SU SAVIA ROJA, QUE SE UTILIZABA COMO TINTE Y MEDICAMENTO.

1969 Los astronautas llegan a la Luna

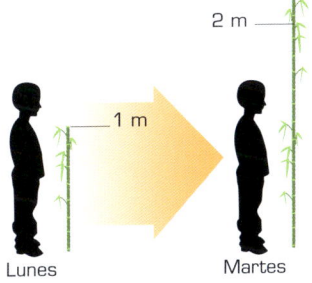

1492 Colón llega a América

1095 Comienzan las cruzadas

117 d.C. Apogeo del Imperio romano

220 a.C. Se inicia la gran muralla china

1325 a.C. Se entierra al faraón egipcio Tutankamón

*c.***2500 a.C.** Se erigen las pirámides de Guiza, en Egipto

DATOS

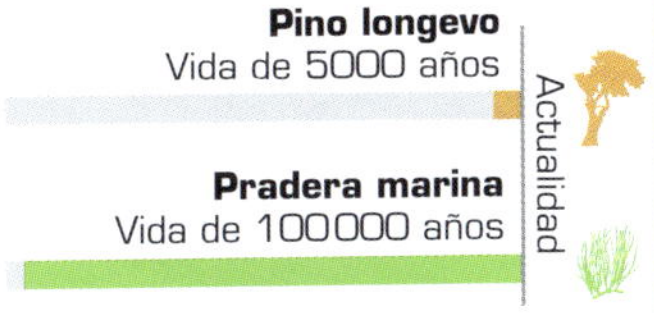

Pino longevo
Vida de 5000 años

Actualidad

Pradera marina
Vida de 100000 años

Una gran pradera marina del Mediterráneo puede tener 100000 años de edad, con lo cual sería la forma de vida más antigua conocida.

2 m

1 m

Lunes

Martes

El bambú puede crecer más de 1 m al día, más que ninguna otra planta.

■ Tamaño original
■ 100 años después
■ 200 años después

Los líquenes son mitad algas y mitad hongos que crecen sobre rocas o árboles. Algunos viven durante milenios, pero crecen menos de 0,1 mm al año.

EL **ÁRBOL BALA DE CAÑÓN** DA UNOS PESADOS FRUTOS QUE CAEN Y SE ABREN CON GRAN ESTRUENDO.

LAS CABRAS DEL PUEBLO MARROQUÍ DE TAMRI TREPAN 9 M POR LOS **ARGANES** PARA COMER BAYAS.

¿CUÁNTO VIVE EL ANIMAL
MÁS LONGEVO?

Se sabe que la **almeja de Islandia** vive más de **500 años**, y los científicos creen que **algunas esponjas** viven **aún más**.

ESPONJAS ANTIGUAS

Es difícil determinar la edad de una esponja. Las esponjas barril del Caribe (izq.) son muy longevas: se cree que una de ellas podría tener 2300 años. Con todo, el récord es de ciertas esponjas vítreas antárticas, que viven más de 10000 años.

La **almeja de Islandia** vive unas **6 veces más que** el **elefante asiático**.

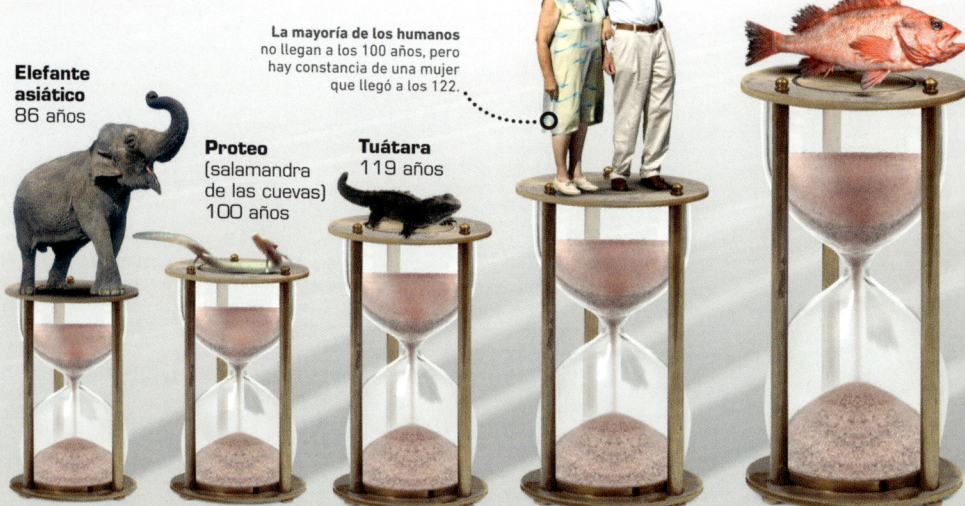

Humano
122 años

Sebastes aleutianus
140-200 años

La mayoría de los humanos no llegan a los 100 años, pero hay constancia de una mujer que llegó a los 122.

Elefante asiático
86 años

Proteo (salamandra de las cuevas) 100 años

Tuátara 119 años

LA **EFÍMERA** ADULTA ES LA MENOS LONGEVA: VIVE SOLO UN DÍA.

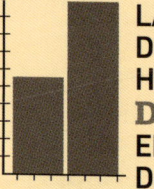

LA ESPERANZA DE VIDA MEDIA HUMANA SE HA **DUPLICADO** EN LOS ÚLTIMOS DOS SIGLOS.

DATOS

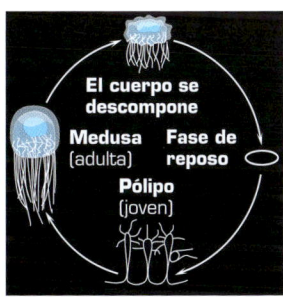

A la pequeña medusa *Turriptosis nutricula* se la llama «medusa inmortal» porque puede regenerar su cuerpo. Las adultas reinician su ciclo vital como pólipos jóvenes, y lo hacen una y otra vez mientras no se las coma otro animal o sucumben a una enfermedad.

El número de anillos en la concha indica la edad de la almeja.

Almeja de Islandia
507 años

La edad de la tortuga **gigante** de Aldabra más vieja conocida se calculó datando su caparazón con la prueba del carbono.

Tortuga gigante de Aldabra
255 años

Ballena boreal
211 años

EN 2050, EL 17 % DE LA POBLACIÓN DEL MUNDO TENDRÁ MÁS DE 65 AÑOS.

EL **ADN ANIMAL** MÁS ANTIGUO DEL MUNDO ES EL DE UN ANTEPASADO DEL MAMUT LANUDO.

Seres vivos

VIDA EN LA TIERRA

Mamíferos, aves, reptiles, anfibios y peces son animales **vertebrados** (con columna vertebral): juntos representan tan solo el 3 % de las especies animales. El 97 % restante lo constituyen los **invertebrados** (sin columna vertebral).

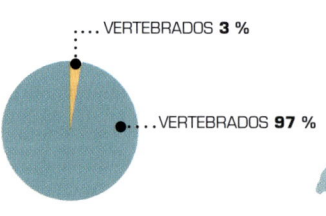

VERTEBRADOS **3 %**

VERTEBRADOS **97 %**

Casi una cuarta parte de todas las especies animales identificadas son **escarabajos**, con unas **400 000 especies**. En cambio, se conocen unas 6000 especies de mamíferos.

LOS MÁS GRANDES

Los mayores animales terrestres empequeñecen al ser humano.

HOMBRE **1,8 M**

MAYOR AVE AVESTRUZ **2,75 M**

MAYOR ANIMAL TERRESTRE ELEFANTE **4 M**

ANIMAL TERRESTRE MÁS ALTO JIRAFA **6 M**

AVES EN VUELO

La **forma de las alas** de un ave depende del **tipo de vuelo** que tiene. Las aves que viven en zonas despejadas tienen **alas largas** aptas para **planear**; las que viven en zonas de vegetación densa tienen **alas más cortas** para realizar **vuelos rápidos y breves**.

VUELO VELOZ
Alas cortas y ligeras para un rápido aleteo

DESPEGUE RÁPIDO
Alas poderosas

PLANEO
Alas largas que aprovechan los vientos marinos

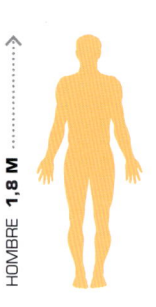

UN NUEVO TIPO DE **MILPIÉS** DESCUBIERTO EN 2020 TENÍA 1306 PATAS, MÁS QUE CUALQUIER OTRO ANIMAL.

TODOS LOS **TIGRES Y CEBRAS** TIENEN SU PROPIO PATRÓN DE PELAJE RAYADO, PERO LOS TIGRES TAMBIÉN TIENEN RAYAS EN LA PIEL.

SUPERIORIDAD NUMÉRICA

En 1889, una nube de langostas que ocupaba un área de **5000 km²** atravesó el mar Rojo, en Oriente Medio. Se estima que estaba formada por unos **250 000 millones de langostas** y que pesaba unas **450 000 toneladas**.

El **quelea común de África** es la especie de ave salvaje **más numerosa** del planeta, y forma unas bandadas gigantescas. Hay

1500 millones

de parejas criadoras.

Las colonias de termitas pueden reunir hasta

3 millones

de individuos. El **mayor nido de termitas** descubierto medía

12,8 m

de alto.

Las hormigas argentinas viven en gigantes grupos llamados **megacolonias**. Una de las **mayores** se encuentra en Europa:

6000 km

que se extienden a lo largo de la costa mediterránea.

MICRO MUNDO

En un gramo de tierra puede haber **40 millones de bacterias**.

MANIOBRAS RÁPIDAS
Alas cortas y curvas para poder realizar giros rápidos

VUELO ALTO
Alas anchas para alzarse con las corrientes térmicas

ÁRBOLES Y PLANTAS

Los **árboles más altos** del mundo son las **secuoyas rojas** de California (EE UU). El ejemplar más alto conocido, denominado Hyperion, mide más de **116 m**, casi dos veces y media la Estatua de la Libertad.

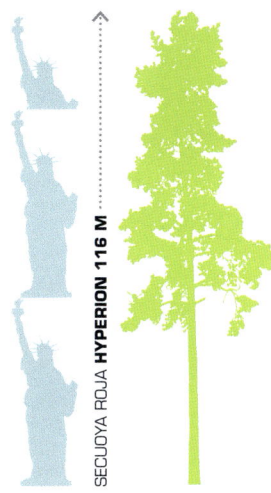

SECUOYA ROJA HYPERION 116 M

Algunas especies de laminaria pueden crecer hasta **30 cm** en un día.

La rara planta del Sudeste Asiático llamada *Rafflesia arnoldii* tiene la flor más

grande del mundo,

y posiblemente también la más olorosa: puede medir **1 m** de diámetro y apesta a carne podrida.

La menor planta con flor es *Wolffia globosa*, que mide **0,6 mm** de largo y **0,3 mm** de ancho.

WOLFFIA GLOBOSA

LAMINARIA GIGANTE

LAS **SARDINAS** FORMAN BOLAS DE CEBO DE HASTA 20 M DE ANCHO PARA CONFUNDIR A LOS DEPREDADORES.

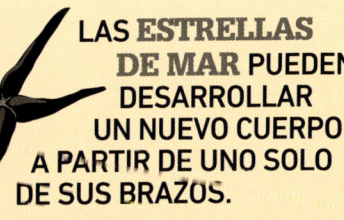

LAS **ESTRELLAS DE MAR** PUEDEN DESARROLLAR UN NUEVO CUERPO A PARTIR DE UNO SOLO DE SUS BRAZOS.

¿CUÁL ES EL CORREDOR MÁS VELOZ?

Los mejores velocistas, que corren los 100 m en menos de 10 segundos, alcanzan su velocidad máxima en el tramo de los 60-80 m. Si pudieran mantener tal velocidad en toda la carrera, cubrirían los 100 m en 8,4 segundos.

El **guepardo** es el **animal terrestre más rápido**, pero solo en las distancias cortas. El **caballo** es **más lento**, pero puede recorrer **mucha más distancia** antes de agotarse.

43 km/h

CAMINAR SOBRE LAS AGUAS

El basilisco común puede escapar de los depredadores corriendo sobre la superficie de estanques y ríos. Puede cubrir hasta unos 20 m antes de empezar a hundirse.

Un **guepardo**, a su **velocidad máxima**, correría los **100 m en solo 3 segundos**.

EL **BASILISCO** PUEDE CORRER POR EL AGUA A UNA VELOCIDAD DE UNOS 11 KM/H.

UNOS 200 **CARACOLES** COMPITEN EN EL CAMPEONATO MUNDIAL DE CARRERAS DE CARACOLES, EN INGLATERRA.

Un caballo de carreras es capaz de galopar a 70 km/h en una carrera de dos estadios (0,4 km). A esta velocidad, podría cubrir los 100 m en 5,15 segundos.

DATOS

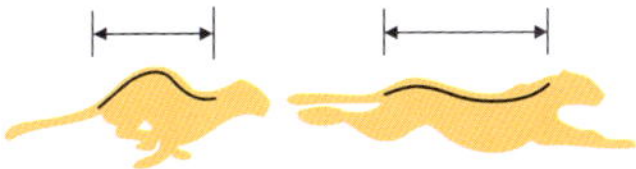

La velocidad del guepardo se debe a la flexibilidad de su columna vertebral, que dobla al inicio de la zancada al tiempo que cruza las patas traseras y delanteras. Cuando las patas traseras tocan el suelo y empujan, la columna se extiende, alargando enormemente la zancada.

Caracol 0,05
Ratón 13
Ardilla 21
Elefante 40
Humano 43
Gato doméstico 48
Galgo 69
León africano 89
Berrendo 100

Velocidad máxima en km/h

Al caracol común de jardín le lleva su tiempo desplazarse. En cambio, el gato doméstico es bastante veloz: podría batir a un velocista olímpico en caso de necesidad.

70 km/h

115 km/h

El guepardo puede esprintar a velocidades increíbles para atrapar a su presa, pero la persecución dura 30-60 segundos y queda agotado.

EL CORREDOR DE MARATÓN MÁS VETERANO ES FAUJA SINGH: CORRIÓ **13 MARATONES** ENTRE LOS 89 Y LOS 101 AÑOS.

EN 2004, EL CORREDOR CHINO XU ZHENJUN HIZO EL MARATÓN DE PEKÍN CORRIENDO **HACIA ATRÁS**.

¿QUÉ ANIMAL PUEDE
SALTAR MÁS?

El **leopardo de las nieves** de Asia central **puede saltar más** que **ningún otro animal**: hasta más de **15 m** de **un solo salto**.

MAMÍFEROS PLANEADORES

Algunos animales no saltan, pero pueden planear distancias muy largas. Así, el petauro del azúcar de Australia planea entre los árboles hasta 50 m gracias a las membranas que se extienden entre sus patas.

9 m

8,95 m

3 m

Las largas patas traseras del jerbo le permiten saltar más de 25 veces la longitud de su cuerpo.

EL LEOPARDO DE LAS NIEVES UTILIZA LA **COLA** PARA EQUILIBRARSE AL SALTAR, PERO TAMBIÉN LE SIRVE COMO ABRIGO.

LA ARAÑA SALTADORA DEL HIMALAYA SOLO MIDE 4 MM DE LARGO, PERO SALTA HASTA **25 VECES** LA LONGITUD DE SU CUERPO.

DATOS

La pulga es el mayor saltador en relación con su tamaño. Midiendo tan solo 1,5 mm de longitud, puede saltar una distancia de 33 cm: 220 veces su propia longitud. Las pulgas son parásitos y saltan sobre los mamíferos, entre ellos los humanos, para alimentarse de su sangre.

Si una pulga tuviera el tamaño de un humano de 1,8 m de altura, y conservara la capacidad de saltar 220 veces su propia longitud, podría salvar de un salto tres campos de fútbol.

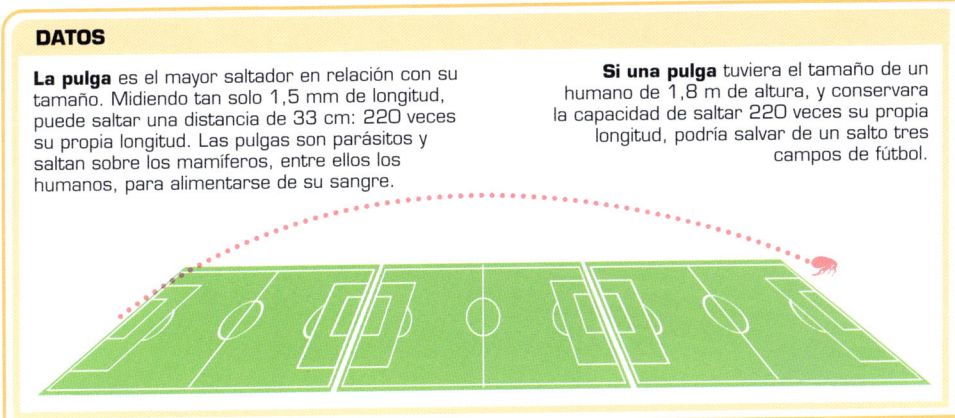

Cuando salta, el canguro rojo puede alcanzar una velocidad de más de 60 km/h.

El récord humano de salto de longitud lo estableció el atleta estadounidense Mike Powell en 1991.

El leopardo de las nieves podría salvar de **un salto siete coches grandes.**

El leopardo de las nieves vive en medios montañosos, donde salta para atrapar ovejas y cabras salvajes.

15 m

EN 1993, EL ATLETA CUBANO JAVIER SOTOMAYOR SALTÓ 2,45 M, EN EL QUE FUE EL **MAYOR SALTO** JAMÁS REALIZADO POR UN SER HUMANO.

EN **TRAMPOLÍN OLÍMPICO**, LOS GIMNASTAS SALTAN DESDE ALTURAS DE VÉRTIGO, DE HASTA 10 M.

¿CUÁL ES EL
AVE MÁS VELOZ?

En vuelo horizontal, el **vencejo mongol** es el **ave más rápida** que existe. Tiene una **velocidad máxima** de **170 km/h**.

El vencejo mongol, al igual que los demás vencejos, pasa la mayor parte del tiempo volando en busca de insectos y rara vez se posa. Recorre largas distancias: cría en Siberia, China y Japón para luego migrar al sur, a lugares como Australia.

VELOCIDAD EN PICADO

El halcón peregrino tiene un vuelo en picado más rápido que el de ninguna otra ave. Vuela alto para avistar a su presa, y cuando ve un pato o una paloma, repliega las alas y se lanza a una velocidad que puede superar los 300 km/h. En el último momento extiende las garras para aferrar a su presa.

LA **AGACHADIZA REAL**, QUE VUELA HASTA A 97 KM/H, VIAJA DE EUROPA A ÁFRICA EN DOS DÍAS.

EL **BUITRE MOTEADO** PUEDE VOLAR A 11 280 M, MÁS ALTO QUE LA MAYORÍA DE AVIONES.

DATOS

Pese a su andar bamboleante en tierra, los patos y aves acuáticas son las aves voladoras más veloces, aparte de los vencejos. La agachadiza real, un ave acuática, tiene la migración más rápida registrada.

Vencejo común
111 km/h

Agachadiza real
97 km/h

Eider común
76 km/h

Después de las aves, entre los demás animales más veloces en el aire destacan los molósidos (murciélagos). Las libélulas se hallan entre los insectos más rápidos.

Molósido brasileño
160 km/h

Pez volador
60 km/h

Libélula
50 km/h

Las alas largas y curvas cortan fácilmente el aire.

El vencejo mongol puede seguir la marcha de un tren de alta velocidad.

Este tren de alta velocidad tiene una velocidad máxima de 200 km/h, pero en un viaje normal con pasajeros su media es de unos 170 km/h, paradas incluidas.

EL **ALBATROS ERRANTE** VUELA DURANTE DÍAS ENTEROS. UNO DE ELLOS RECORRIÓ 6000 KM EN 12 DÍAS.

EL **VENCEJO ALPINO** DUERME MIENTRAS VUELA CON UN OJO ABIERTO Y CON MEDIO CEREBRO ALERTA.

¿CUÁL ES EL PEZ
MÁS RÁPIDO?

Uno de los **nadadores más veloces**, el **pez vela**, podría recorrer **una piscina olímpica** en **1,6 segundos**, unas **13 veces más rápido** que el **plusmarquista** humano.

DATOS

Pez vela
110 km/h

Pez espada rayado
80 km/h

Atún de aleta azul
71 km/h

Tiburón azul
69 km/h

Pez espada
64 km/h

Los nadadores más veloces son todos peces. El récord lo tiene el pez vela, que supera en 30 km/h a su rival más próximo, el pez espada rayado.

Marsopa de Dall
56 km/h

León marino de California
40 km/h

Pulpo
40 km/h

Pingüino juanito
36 km/h

Tortuga laúd
35 km/h

Otros animales marinos son nadadores rápidos, pero ninguno supera los peces más veloces, de fuertes músculos y cuerpo perfectamente hidrodinámico para nadar.

UNA HORA DE **NATACIÓN** QUEMA UN 30 % MÁS DE CALORÍAS QUE CORRER Y UN 40 % MÁS QUE EL CICLISMO.

LA BALLENA JOROBADA REALIZA UNA DE LAS MIGRACIONES DE MAMÍFEROS MÁS LARGAS, DE 8000 KM.

8,6 km/h

Un nadador olímpico solo puede mantener su velocidad punta durante un largo de la piscina (50 m).

NADADORES DE LARGA DISTANCIA

Los osos polares pueden nadar distancias muy largas: un grupo de científicos siguió la pista de uno a lo largo de un viaje de 687 km que duró 10 días, y durante el cual no paró para comer ni dormir.

108 km/h

Las motos acuáticas más veloces se pueden desplazar sobre el agua unas 12,5 veces más rápido que un nadador olímpico.

El **pez vela** **puede nadar** a **110 km/h**, **más rápido** que una **moto acuática**.

110 km/h

El pez vela es un depredador de mar abierto. Emplea su velocidad para rodear y apiñar los bancos de peces y ataca a sus presas con su largo pico.

EL **CABALLITO DE MAR ENANO** ES EL PEZ MÁS LENTO DEL MUNDO, PUES SOLO ALCANZA UNA VELOCIDAD DE 0,016 KM/H.

ALGUNAS **ESPONJAS MARINAS** SON LAS MÁS LENTAS DEL MAR, Y SE DESPLAZAN A SOLO 1 MM/DÍA.

¿A QUÉ PROFUNDIDAD
SE PUEDE VIVIR?

Algunos animales pueden vivir en el fondo de las **fosas oceánicas**. Incluso animales que **respiran aire**, como el **elefante marino** o el **zifio de Cuvier**, logran **descender** hasta unas **profundidades extraordinarias**.

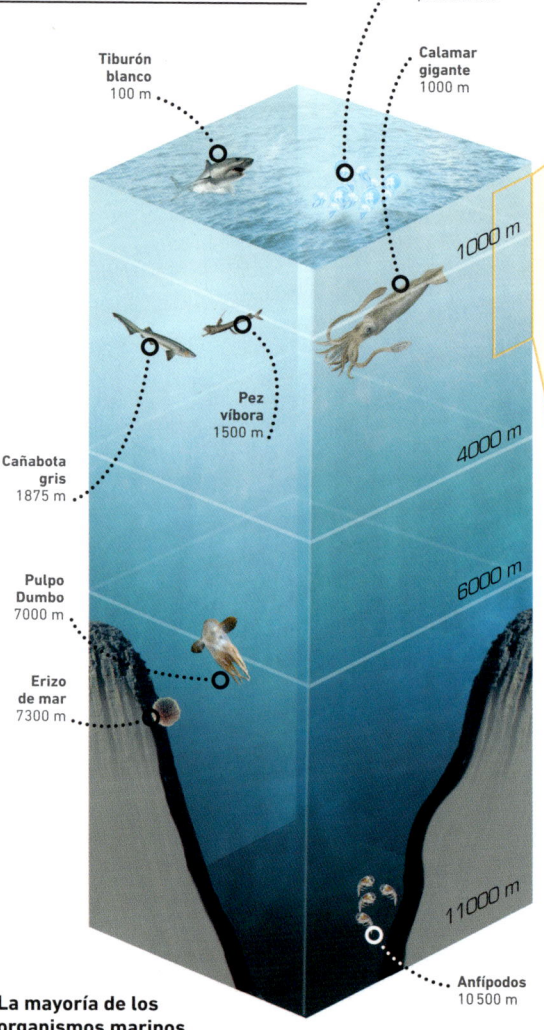

Cubomedusa
0,3-4 m de profundidad

Calamar gigante
1000 m

Tiburón blanco
100 m

Pez víbora
1500 m

Cañabota gris
1875 m

Pulpo Dumbo
7000 m

Erizo de mar
7300 m

1000 m

4000 m

6000 m

11000 m

Anfípodos
10 500 m

LUZ PROPIA

Los lófidos (comúnmente llamados rape) tienen un apéndice carnoso con una luz en el extremo. En la oscuridad total del océano profundo, esta luz atrae los pequeños peces y crustáceos de los que se alimentan.

La mayoría de los organismos marinos no obtienen el oxígeno del aire sino del agua. Animales como los anfípodos pueden vivir en lo más profundo del océano.

PETAR KLOVAR LOGRÓ LA **INMERSIÓN EN APNEA** MÁS PROFUNDA SIN EQUIPO EN 2023, ALCANZANDO LOS 128 M.

BUDIMIR ŠOBAT BATIÓ EL RÉCORD EN 2021 AL AGUANTAR LA RESPIRACIÓN BAJO EL AGUA DURANTE MÁS DE **24 MINUTOS**.

Récord humano
de buceo libre:
128 m

El delfín nariz de botella suele emerger entre dos y tres veces por minuto para coger aire, pero puede permanecer bajo el agua hasta 10 minutos.

200 m

Nutria marina
100 m

Pingüino emperador
265-500 m

500 m

Animales que respiran aire

1000 m

Cachalote
1200 m

Tortuga laúd
1280 m

1500 m

2000 m

Elefante marino
2388 m

Un elefante marino alcanza una profundidad 19 veces mayor que el récord humano.

3000 m

Zifio de Cuvier
2992 m

DATOS

El actual récord mundial de buceo se encuentra en 322 m de profundidad, pero eso es mucho más de lo que alcanzan la mayoría de los buceadores. Como respirar aire es peligroso por debajo de los 40 m, los buceadores expertos han de respirar diversas mezclas de gases, como la de helio y oxígeno. Con todo, la mayoría de los buceadores no descienden más allá de los 100 m.

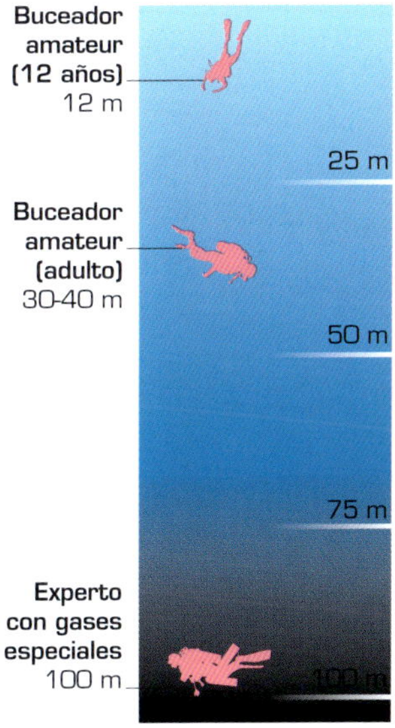

Buceador amateur (12 años)
12 m

25 m

Buceador amateur (adulto)
30-40 m

50 m

75 m

Experto con gases especiales
100 m

100 m

Los animales que respiran aire han de contener la respiración bajo el agua. Uno de los que bucean a mayor profundidad es el zifio de Cuvier, que sobrevive con el oxígeno de la sangre.

UN ZIFIO DE CUVIER ESTUVO BAJO EL AGUA CASI **4 HORAS**, LA INMERSIÓN MÁS LARGA DE UN MAMÍFERO.

EL **PULPO DUMBO** ES EL PULPO QUE ALCANZA MAYOR PROFUNDIDAD, 7000 M BAJO EL NIVEL DEL MAR.

¿CUÁN FUERTE ES
UNA HORMIGA?

Una **hormiga de tamaño medio**, con un peso de **0,003 g**, puede **cargar con un objeto** que pese **0,15 g**, es decir, unas **50 veces** su propio **peso**.

Un **hombre** con la fuerza de una **hormiga** podría levantar **tres coches**.

La hormiga transporta objetos con sus potentes mandíbulas, con las que también corta, machaca, lucha y cava.

Esta hormiga podadora mide solo 0,75 cm de longitud y puede cargar con un trozo de corteza mucho mayor que ella.

LA FUERZA DEL LEOPARDO

Cuando un leopardo mata una presa grande, como un antílope, la sube a un árbol, lejos de las hienas y otros carroñeros. Un macho puede arrastrar presas que pesen el triple que él –incluso una jirafa pequeña– hasta una altura de 6 m.

Las hormigas son tan fuertes porque sus músculos son muy grandes en relación con su tamaño. Así, una hormiga el doble de larga tendría unos músculos cuatro veces más fuertes, pero un cuerpo ocho veces más pesado; y ello resultaría de hecho en unos músculos la mitad de fuertes.

HAY **HORMIGAS PODADORAS** EN AMÉRICA CENTRAL Y DEL SUR Y EN PARTES DE TEXAS.

UNA COLONIA DE HORMIGAS PODADORAS PUEDE TENER MILLONES DE OBRERAS CORTANDO Y LLEVANDO **HOJAS** AL NIDO.

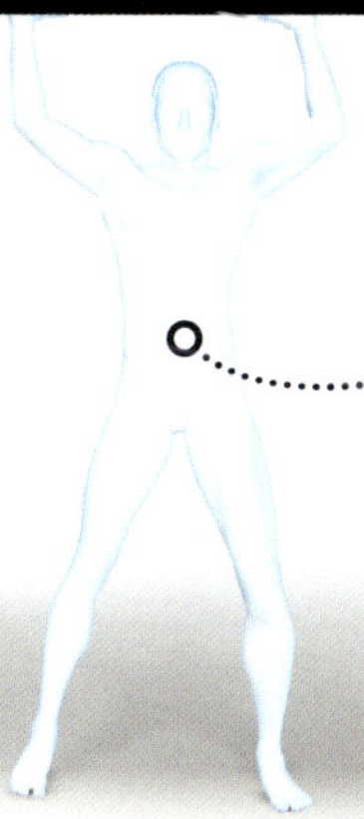

Si un hombre de 80 kg pudiera levantar 50 veces su propio peso, eso serían 4 toneladas: más o menos como tres coches.

DATOS

Seis ratones caseros

Escarabajo pelotero

El escarabajo pelotero macho lidia con sus rivales empujándolos fuera de su nido. Se ha demostrado que es capaz de arrastrar hasta 1141 veces su propio peso: lo que equivale a seis ratones caseros de 20 g.

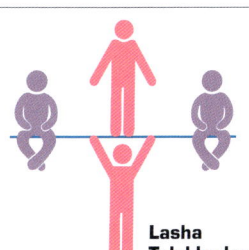

Lasha Talakhadze

El mayor peso levantado por un humano son 267 kg, más del triple del peso promedio de un adulto. Lo logró el halterófilo georgiano Lasha Talakhadze en 2021, que alzó casi el doble de su peso. El récord femenino lo tiene la rusa Tatiana Kashirina, que en 2014 levantó 193 kg.

LA HORMIGA PODADORA TIENE UNA MANDÍBULA QUE, COMO UNA MOTOSIERRA, VIBRA MIL VECES POR SEGUNDO.

PARA NO PERDERSE, LAS HORMIGAS PODADORAS DEJAN UN RASTRO DE OLOR QUE LAS GUÍA HASTA SU NIDO.

Animales

LARGAS MIGRACIONES

9700 KM

Las tortugas laúd nadan regularmente **9700 km** por el Pacífico, entre los lugares donde se alimentan en California y sus áreas de cría en Indonesia.

5000-7000 KM

Las anguilas de Europa deben viajar entre **5000 y 7000 km** hasta sus zonas de cría en el mar de los Sargazos.

3200 KM

Cada año, las **mariposas monarca** vuelan una media de **3200 km** entre el sur de California y México.

MIGRACIONES **MASIVAS**

Cada año, en las llanuras africanas del Serengueti, más de **1,5 millones de ñus** emprenden un viaje de ida y vuelta de **2900 km** en busca de hierba fresca. Unos **250 000** (el **17 %**) no sobreviven.

17 %

La mayor migración de África tiene lugar cada otoño, cuando unos **8 millones de murciélagos frugívoros** vuelan desde la República Democrática del Congo hasta Zambia en busca de fruta madura.

ANIMALES **SENSIBLES**

▶ Los **tiburones blancos** son capaces de detectar sangre en el agua incluso a **5 km** de distancia. Al parecer, pueden llegar a oler **una sola gota de sangre** en

100 litros

de agua.

▶ Los **bupréstidos** tienen un sensor infrarrojo que les permite **detectar incendios forestales** a **80 km** de distancia. Vuelan

hacia el incendio

y ponen sus huevos en los troncos quemados.

▶ Las **focas** tienen los bigotes más sensibles de todos los mamíferos, que les permiten **detectar un pez** a más de **100 m** de distancia.

▶ Los órganos increíblemente sensibles al calor de los **crótalos** pueden detectar variaciones de **temperatura** de tan solo

0,002 °C.

PECES **VOLADORES**

Los **peces voladores** pueden volar sobre el agua hasta **200 m**, la longitud de dos campos de fútbol.

UNA **MOFETA** PUEDE ROCIAR SU APESTOSO OLOR Y DISUADIR LOS DEPREDADORES A UNA DISTANCIA MÍNIMA DE 3 M.

LOS **PERROS** Y LAS **VACAS** TIENEN HOCICOS SIN PELO CON HUELLAS NASALES ÚNICAS.

CRIATURAS LETALES

▶ Si no se trata de inmediato, la picadura de la **cubomedusa** es casi siempre fatal. En 60 años han matado a más de **5500 personas**.

▶ La **cobra real** puede matar a un humano adulto con su veneno en solo **15-30 minutos**.

▶ Una sola gota de veneno del **caracol cono de mármol** puede matar a **20 humanos adultos** o a un elefante.

ALETEO **VELOZ**

Algunas especies de **colibrí** pueden batir las alas hasta **80 veces por segundo**, tan *rápido* que producen un leve zumbido.

CÓMO SE MUEVEN LAS SERPIENTES

Todas las serpientes se deslizan por el suelo, pero no todas lo hacen de la misma manera. Tienen tres modos principales de desplazarse por tierra:

MOVIMIENTO DE ACORDEÓN

MOVIMIENTO ONDULANTE

MOVIMIENTO DE COSTADO

ANIMALES MÁS LENTOS

Así como el **guepardo** es capaz de alcanzar los **110 km/h**, otros animales prefieren tomarse su tiempo para desplazarse de un lugar a otro.

CABALLITO DE MAR
0,015 KM/H

CARACOL DE JARDÍN
0,05 KM/H

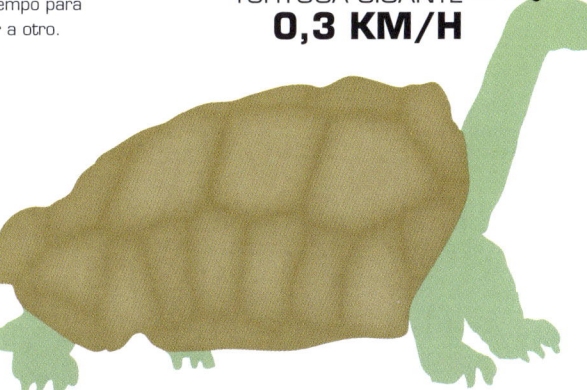

TORTUGA GIGANTE
0,3 KM/H

6 METROS

200 METROS

Son capaces de mantenerse en el aire hasta **45 segundos**, a unos **60 km/h**, y pueden alcanzar una altura de **6 m**.

EL CUERVO DE NUEVA CALEDONIA FABRICA **HERRAMIENTAS** CON PALOS Y LAS USA PARA ATRAPAR INSECTOS.

EL **TIBURÓN BLANCO** PUEDE LLEGAR A TENER UNOS 30 000 DIENTES A LO LARGO DE SU VIDA.

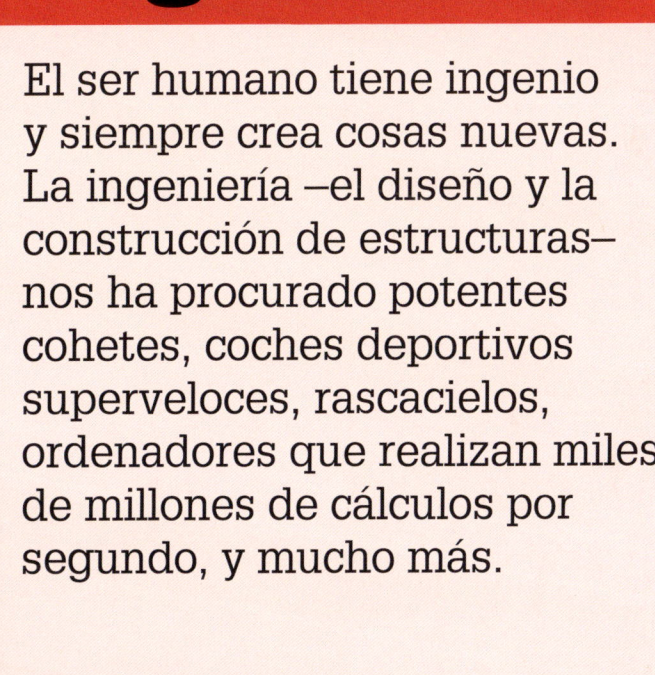

Hitos de la ingeniería

El ser humano tiene ingenio y siempre crea cosas nuevas. La ingeniería —el diseño y la construcción de estructuras— nos ha procurado potentes cohetes, coches deportivos superveloces, rascacielos, ordenadores que realizan miles de millones de cálculos por segundo, y mucho más.

Uno de los más destacados logros de la ingeniería humana son las Islas Palmera de Dubái, que están entre las mayores islas artificiales del mundo. Jumeirah (en la imagen), la menor de las tres islas en forma de palmera, tiene una superficie de 5,6 km² (más que 800 campos de fútbol juntos).

¿CUÁN RÁPIDO ES EL
COCHE MÁS VELOZ?

Los **coches más rápidos** de **competición** son los *top fuel dragsters*, que alcanzan los **530 km/h** a los **4 segundos de arrancar**.

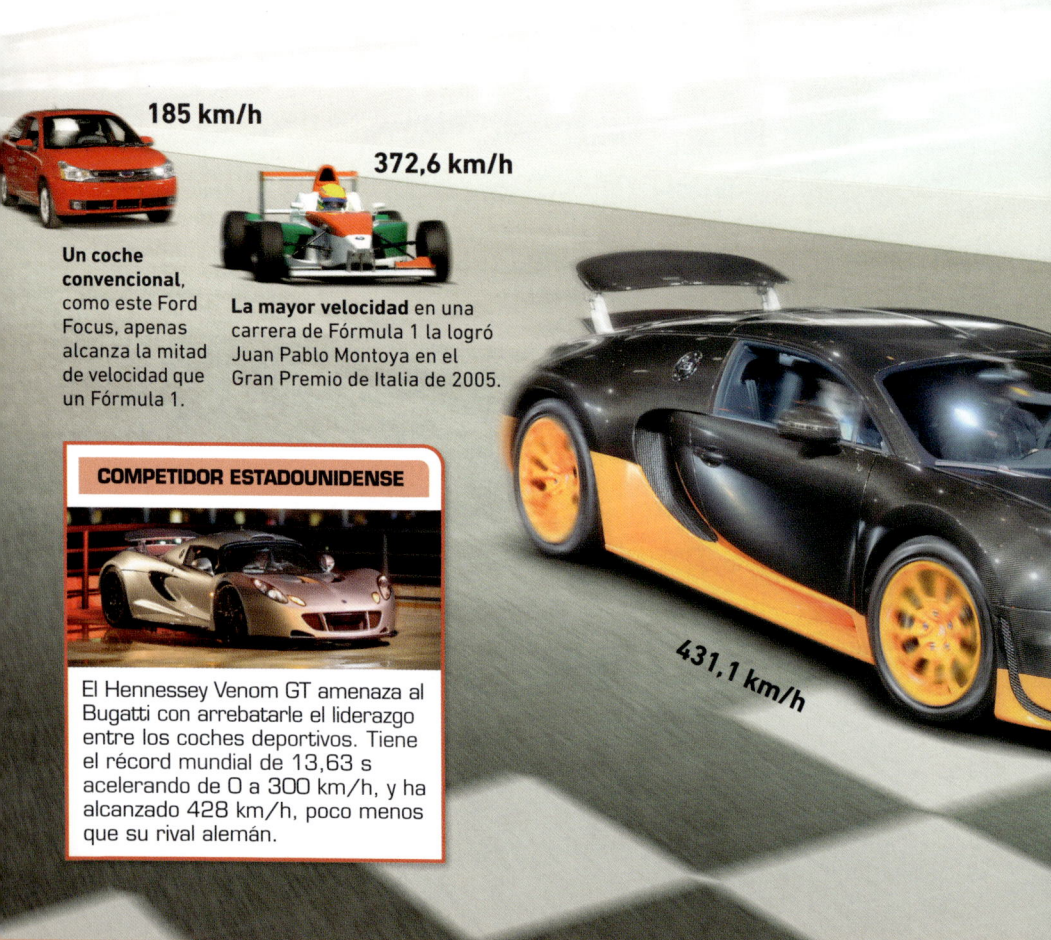

185 km/h

372,6 km/h

Un coche convencional, como este Ford Focus, apenas alcanza la mitad de velocidad que un Fórmula 1.

La mayor velocidad en una carrera de Fórmula 1 la logró Juan Pablo Montoya en el Gran Premio de Italia de 2005.

431,1 km/h

COMPETIDOR ESTADOUNIDENSE

El Hennessey Venom GT amenaza al Bugatti con arrebatarle el liderazgo entre los coches deportivos. Tiene el récord mundial de 13,63 s acelerando de 0 a 300 km/h, y ha alcanzado 428 km/h, poco menos que su rival alemán.

LA PRIMERA MULTA POR **EXCESO DE VELOCIDAD** SE PUSO EN 1896 A UN CONDUCTOR INGLÉS QUE CUADRUPLICÓ EL LÍMITE DE 3 KM/H.

EN 2008, EL VEHÍCULO ANFIBIO **TONIC** CRUZÓ EL CANAL DE LA MANCHA EN 1 HORA Y 14 MINUTOS.

DATOS

Los coches más rápidos son precisamente los diseñados para batir el récord mundial de velocidad. Se cronometran los vehículos en dos rectas. Desde la década de 1960, el récord lo tienen los coches de reacción, pero existen otros récords para distintos tipos de vehículo, como los coches eólicos.

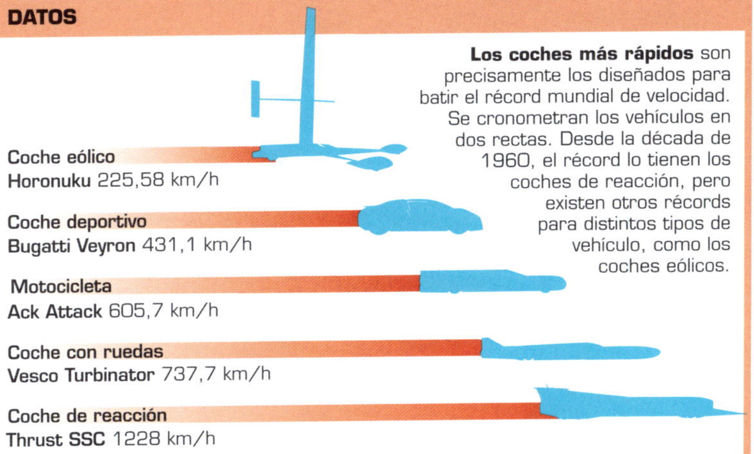

Coche eólico
Horonuku 225,58 km/h

Coche deportivo
Bugatti Veyron 431,1 km/h

Motocicleta
Ack Attack 605,7 km/h

Coche con ruedas
Vesco Turbinator 737,7 km/h

Coche de reacción
Thrust SSC 1228 km/h

Los *top fuel* son un tipo de coches usados en *drag racing*. Emplean una mezcla de combustibles de alto rendimiento, y compiten en rectas de tan solo 300 m de longitud. Pueden acelerar de 0 a 160 km/h en menos de un segundo, y necesitan una especie de paracaídas para frenar.

530 km/h

El Bugatti Veyron Super Sport fue uno de los deportivos fabricados en serie más rápidos, con una velocidad de 431,1 km/h. El Bugatti Chiron Supersport 300+, su sucesor, alcanza 490,4 km/h. Solo se fabricaron 30 unidades.

El *dragster* más rápido puede superar cualquier coche de Fórmula 1 en 160 km/h.

EN 2012, EL ESTADO DE NEVADA (EE UU) FUE EL PRIMERO EN PERMITIR LOS **VEHÍCULOS AUTÓNOMOS** EN LA VÍA PÚBLICA.

EN 2014 COMPITIERON EN CALIFORNIA 216 VEHÍCULOS. FUE LA CARRERA DE COCHES MÁS GRANDE DEL MUNDO.

El **Shanghai Maglev** recorre **30 km en menos de 8 minutos.**

LOCOMOTORAS DE VAPOR

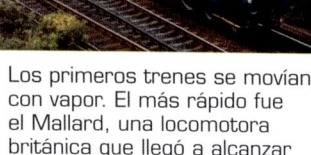

Los primeros trenes se movían con vapor. El más rápido fue el Mallard, una locomotora británica que llegó a alcanzar los 203 km/h.

DATOS

La mayor velocidad registrada por un tren Maglev la alcanzó el tren de pruebas japonés MLX01. Un trineo cohete, sin embargo, es aún más rápido.

Trineo cohete

1017 km/h

MLX01

603 km/h

270 km/h

El **TGV La Poste** era uno de los trenes de carga más rápidos del mundo. Transportaba correo a y desde París.

LA **ROCKET** DE VAPOR FUE, EN 1829, EL PRIMER VEHÍCULO QUE LOGRÓ VIAJAR MÁS RÁPIDO QUE UN CABALLO.

100 EN 2022, EL TREN DE PASAJEROS MÁS LARGO, COMPUESTO POR **100 VAGONES**, RECORRIÓ LOS ALPES SUIZOS.

¿CUÁN RÁPIDO ES EL
TREN MÁS VELOZ?

El **Shanghai Maglev** es el **tren de pasajeros más rápido** del mundo. Puede alcanzar una velocidad de hasta **430 km/h**.

El Shanghai Maglev de China es el tren de pasajeros más rápido que se encuentra en servicio. Circula por unas vías especiales que lo alzan sobre el suelo, y es más silencioso y suave que un tren corriente.

El TGV francés es el tren de pasajeros con ruedas más rápido del mundo. Circula por vías de alta velocidad y alcanza hasta 320 km/h de forma regular. Una versión especialmente adaptada, el TGV V150, tiene actualmente el récord de velocidad, de 575 km/h.

320 km/h

430 km/h

La vía es especial: al pasar por ella una corriente eléctrica, los imanes que se hallan bajo el tren generan una fuerza que lo levanta y lo propulsa a gran velocidad.

LA **MAQUETA DE TREN MÁS RÁPIDA**, OSAKA BANPAKU TENJIMOKEI LINEAR MOTORCAR, ALCANZÓ 44,8 KM/H EN 2018.

EL FERROCARRIL QINGHAI-TÍBET, INAUGURADO EN 2006, ES EL **MÁS ALTO** DEL MUNDO.

El Boeing 747 es uno de los dos aviones de línea de dos pisos que existen; el otro es el Airbus 380.

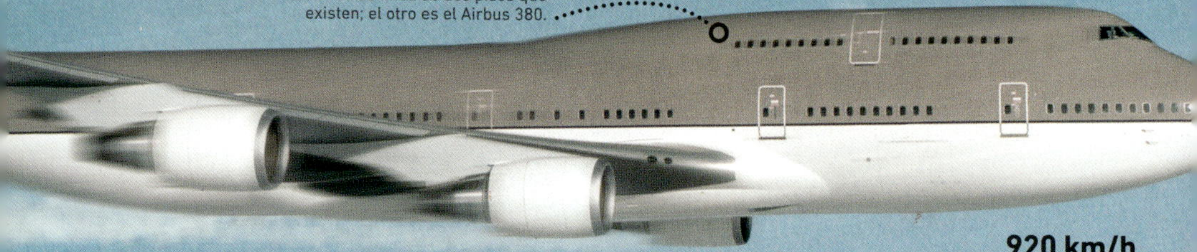

920 km/h

Aunque tiene más de 40 años, el Boeing 747 abunda entre los grandes aviones de línea actuales, que transportan pasajeros a una velocidad media de 877 km/h y hasta una máxima de 920 km/h.

El Concorde fue el avión de pasajeros más rápido. Podía volar de Nueva York a Londres en menos de 3 horas.

2179 km/h

¿CUÁN RÁPIDA ES LA AERONAVE
MÁS VELOZ?

El **X-15** fue el **avión tripulado más rápido** que jamás ha existido. Su **récord** de **7297 km/h**, establecido en **1967**, no se ha superado nunca.

EN 1783, UN GALLO, UN PATO Y UNA OVEJA VIAJARON EN EL PRIMER VUELO EN **GLOBO AEROSTÁTICO** ¡Y TODOS SOBREVIVIERON!

EN 1958, DOS PILOTOS DE LAS VEGAS (NEVADA) VOLARON EN UN CESSNA C172 SIN ATERRIZAR DURANTE **64 DÍAS**.

DATOS

Flyer
48 km/h

Ánade real
105 km/h

El primer avión que voló, el Flyer de los hermanos Wright, alcanzó una velocidad máxima de 48 km/h, menos de la mitad de la del ánade real, que vuela a 105 km/h.

7297 km/h
X-15: avión tripulado más rápido

4184 km/h
SpaceShipTwo: avión espacial de pasajeros más rápido

3529 km/h
SR-71 Blackbird: avión de reacción más rápido

1,126 km/h
Cessna Citation X: avión de reacción de pasajeros más rápido

400 km/h
Westland Lynx: helicóptero más rápido

Los aviones más rápidos alcanzan los límites del espacio. Se realizan viajes turísticos al espacio en aviones espaciales supersónicos.

El X-15 era casi ocho veces más veloz que un Boeing 747.

La velocidad de las balas varía, pero una bala de M16 es tan veloz como el caza de reacción más rápido.

3420 km/h

HTV-2

En 2011, un avión experimental no tripulado, el HTV-2, alcanzó una velocidad de 21 000 km/h, suficiente para viajar de Londres a Sídney en menos de una hora.

6667

7297 km/h

El X-15 no podía despegar como un avión normal: tenía que ser transportado por un bombardero hasta su altura de crucero, y entonces encendía sus motores de cohete.

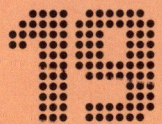

EN 2019, UN AVIÓN DE QANTAS HIZO EL VUELO DE PASAJEROS MÁS LARGO: ESTUVO EN EL AIRE DURANTE MÁS DE **19 HORAS**.

PARA LLEVAR PASAJE AL ESPACIO, **SPACESHIPTWO** DEBE LLEGAR A SU ALTURA DE LANZAMIENTO CON UN AVIÓN PORTADOR.

El **LZ-130 Graf Zeppelin II** podía transportar hasta 72 pasajeros, además de una tripulación de 40 personas. Con una velocidad máxima de 131 km/h, tenía una autonomía de 16 500 km. El dirigible, lleno de un gas más ligero que el aire, estaba destinado a llevar pasajeros a través del Atlántico.

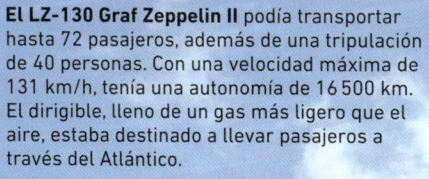

Los mayores dirigibles eran tres veces más largos y seis veces más anchos que un Jumbo.

Graf Zeppelin

AIRBUS BELUGA

Este Airbus está diseñado para transportar cargas muy grandes o de formas poco corrientes, como las partes de los aviones Airbus, que se fabrican en cuatro países distintos y posteriormente se transportan para su montaje.

La góndola de control acogía la sala de control y la de observación, además de un área de navegación.

A lo largo de la cabina de pasajeros había grandes ventanas que se podían abrir durante el vuelo.

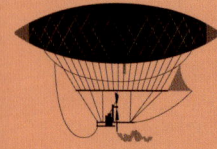

EN 1852, EL INGENIERO HENRI GIFFARD INVENTÓ EL **PRIMER DIRIGIBLE A MOTOR**, QUE RECORRIÓ 27 KM.

SE FABRICARON UNOS **1200 DIRIGIBLES.** SOLO QUEDAN UNOS 25.

¿CUÁL FUE LA MAYOR
AERONAVE?

Con **245 m** de **longitud**, los **dirigibles Hindenburg** y **Graf Zeppelin II**, construidos en Alemania en la década de 1930, fueron las **mayores aeronaves** que han surcado el cielo.

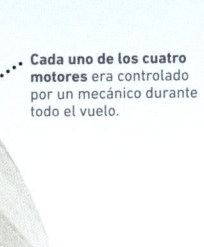

El Boeing 747-400D, presentado en 1991, puede transportar hasta 600 pasajeros; el Graf Zeppelin II tenía capacidad tan solo para 72 pasajeros.

Cada uno de los cuatro motores era controlado por un mecánico durante todo el vuelo.

DATOS

Airbus A380
72,72 m

Boeing 747-8 Intercontinental
76,4 m

Antonov An-225
84 m

El Antonov An-225 fue el mayor avión del mundo. Diseñado para transportar el Buran, el transbordador espacial soviético, actualmente se emplea para el transporte de cargamentos de gran tamaño.

EL MAYOR HELICÓPTERO DE LA HISTORIA FUE EL MIL V-12 SOVIÉTICO DE DOS ROTORES, CON UN PESO AL DESPEGUE DE 105 TONELADAS.

EL MAYOR AVIÓN DE CARGA, EL ANTONOV AN-225, ERA TAN GRANDE COMO UN CAMPO DE FÚTBOL.

¿CUÁN RÁPIDA ES LA EMBARCACIÓN MÁS VELOZ?

El **Spirit of Australia** estableció en 1978 el récord de **511 km/h**, que aún **no se ha superado**.

El Spirit of Australia es cinco veces más rápido que el Hydroptère.

DATOS

Una tabla puede llegar a surcar el agua casi tan rápido como un barco. El récord de kitesurf, de 104,8 km/h, se acerca al del barco de vela más rápido, el Sailrocket 2, y supera los 97,9 km/h del Hydroptère. El récord de windsurf también ronda estas velocidades.

Windsurf
98,7 km/h

Kitesurfer
104,8 km/h

Vestas Sailrocket 2
121,2 km/h

Bajo cada flotador lateral del Hydroptère hay una especie de ala. Cuando alcanza cierta velocidad, las alas se elevan de modo que la embarcación casi vuela sobre el agua.

El pequeño tamaño, la velocidad y la facilidad de manejo de las motos acuáticas las hacen idóneas para su uso por parte de socorristas y policía, y para el ocio.

108 km/h

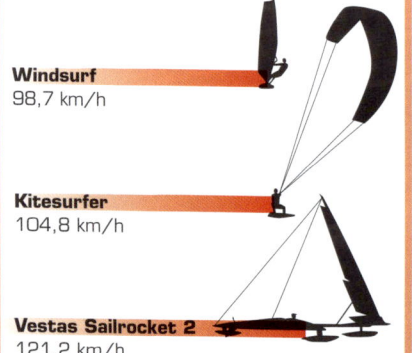

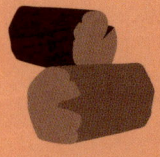

EL BARCO FUE DISEÑADO POR WARBY, QUE USÓ **MADERA** PARA CONSTRUIR SU LANCHA RÁPIDA.

EL **SPIRIT OF AUSTRALIA** UTILIZABA UN MOTOR DE REACCIÓN DESARROLLADO PARA AVIONES DE COMBATE EN LA DÉCADA DE 1940.

El Hydroptère fue uno de los barcos de vela más rápidos que ha habido. Se diseñó para la velocidad y su tripulación se propuso batir todos los récords de navegación a vela.

l'Hydroptère

97,9 km/h

El Spirit of Australia era una lancha motora de reacción y fue pilotada por el australiano Ken Warby.

SPIRIT OF AUSTRALIA
THE WORLD'S FASTEST BOAT

511 km/h

FOSSEYS

KW2N

LAS **HERRAMIENTAS** UTILIZADAS POR WARBY FUERON LAS QUE TENÍA A MANO: ¡SIERRA, TALADRO Y LIJADORA!

MUCHOS DE QUIENES AYUDARON A WARBY A **CONSTRUIR** SU BARCO ERAN AMIGOS Y VOLUNTARIOS.

DATOS

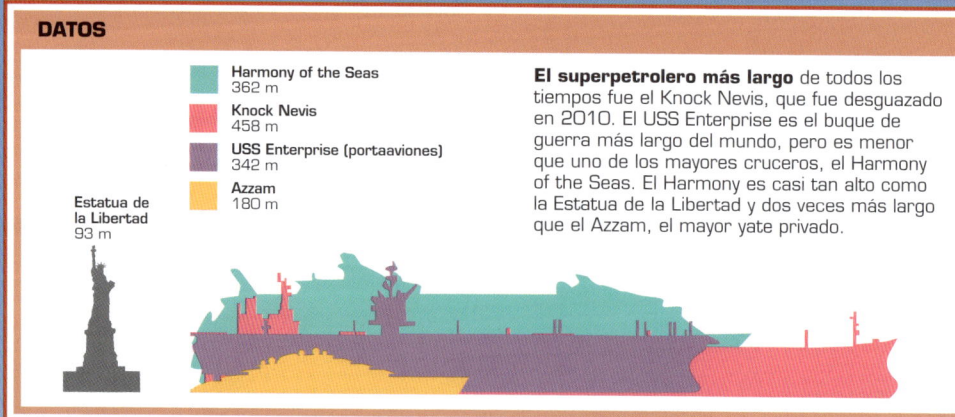

■ Harmony of the Seas
362 m

■ Knock Nevis
458 m

■ USS Enterprise (portaaviones)
342 m

■ Azzam
180 m

Estatua de
la Libertad
93 m

El superpetrolero más largo de todos los tiempos fue el Knock Nevis, que fue desguazado en 2010. El USS Enterprise es el buque de guerra más largo del mundo, pero es menor que uno de los mayores cruceros, el Harmony of the Seas. El Harmony es casi tan alto como la Estatua de la Libertad y dos veces más largo que el Azzam, el mayor yate privado.

¿CUÁN GRANDE ES UN
SUPERPETROLERO?

El TI Oceania es tan largo como una fila de 29 autobuses escolares.

El TI Oceania y sus tres naves hermanas son los mayores petroleros de doble casco: el fondo y los lados tienen dos paredes impermeables para impedir vertidos en caso de accidente.

A PLENA CARGA DOS TERCIOS DE UN SUPERPETROLERO QUEDAN BAJO EL AGUA, A 23 M DE PROFUNDIDAD.

LOS SUPERPETROLEROS LLEVAN EL PETRÓLEO HASTA LAS REFINERÍAS.

El ancla del Knock Nevis pesa unas 36 toneladas, más que siete elefantes africanos juntos. Es la única parte del barco que se conserva.

HARMONY OF THE SEAS

Uno de los mayores cruceros del mundo, el Harmony of the Seas, transporta hasta 5479 pasajeros y 2100 tripulantes. Un gran crucero es como una ciudad flotante, con tiendas, cines y restaurantes.

Con **380 m** de **largo** y **68 m** de **ancho**, el **TI Oceania** es hoy en día el **mayor superpetrolero** en servicio. Puede transportar **3 millones de barriles de petróleo**, y a plena carga **pesa 441 585 toneladas**.

El TI Oceania tiene una velocidad máxima de 16,5 nudos (31 km/h). A esta velocidad tardaría 46 segundos en pasar entero ante alguien que lo observara desde la costa.

TI OCEANIA

La pintura protectora roja indica la parte del casco que queda bajo el agua cuando el barco está a plena carga.

UN SUPERPETROLERO TARDA UNOS **20 MINUTOS** EN DETENERSE POR COMPLETO.

EL **HARMONY OF THE SEAS** CUENTA INCLUSO CON UNA CANCHA REGLAMENTARIA DE BALONCESTO.

¿CUÁNTA CARGA PUEDE LLEVAR UN BARCO?

El **enorme carguero MSC Oscar** puede transportar hasta **19 224 contenedores**. Mide **395,4 m de largo**.

El puente de mando, desde donde el capitán controla el barco, está adelantado para tener buena visibilidad.

Los contenedores estándar se utilizan para transportar todo tipo de bienes por todo el mundo, desde fruta hasta ropa o televisores. Tienen una longitud de 6,1 m y una anchura de 2,44 m, y encajan perfectamente en camiones y trenes.

 LOS CONTENEDORES ESTÁN DISEÑADOS PARA PODER APILARSE COMO **BLOQUES DE CONSTRUCCIÓN**.

 EN 1997, UN BUQUE DERRAMÓ SU CARGA DE **5 MILLONES** DE LADRILLOS LEGO®, ¡QUE AÚN SE SIGUEN ENCONTRANDO!

DATOS

Los mayores petroleros transportan más carga que los corrientes. El superpetrolero Knock Nevis tenía capacidad para 4,1 millones de barriles: suficiente petróleo para llenar 260 piscinas olímpicas.

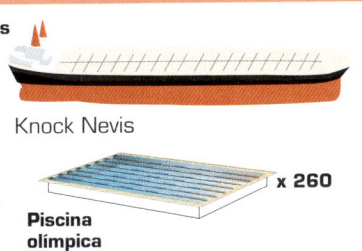

Knock Nevis

x 260

Piscina olímpica

BLUE MARLIN

Los buques de carga pesada, como el Blue Marlin, se usan para el transporte de grandes estructuras como plataformas petrolíferas o portaaviones. El buque puede sumergir su casco para colocarse bajo la estructura y volver a emerger una vez cargado.

Si todos los contenedores estuvieran del todo cargados, el buque sería demasiado pesado para navegar. Puede transportar un máximo de 197 362 toneladas, es decir, 10 toneladas por contenedor.

Con 73 m de altura, el MSC Oscar es tan alto como un edificio de 25 plantas y 13 veces más largo que una ballena azul. En el ancho de su cubierta caben cinco autobuses en fila. Navega entre Asia y Europa.

MSC OSCAR

A plena carga, el MSC Oscar puede llevar 38 448 coches o 920 millones de latas de sopa.

EN 2002, EL TRICOLOUR TRANSPORTABA CASI 3000 **COCHES** DE LUJO CUANDO CHOCÓ CON OTRO BUQUE Y SE HUNDIÓ.

EN 2021, EL PORTACONTENEDORES **EVER GIVEN** ENCALLÓ Y BLOQUEÓ EL CANAL DE SUEZ, CAUSANDO UNA COLA DE CASI 400 BUQUES.

¿CUÁN POTENTE ERA EL TRANSBORDADOR ESPACIAL?

Tres motores y dos cohetes daban al **Transbordador Espacial** un **impulso** de **3,1 millones de kg**.

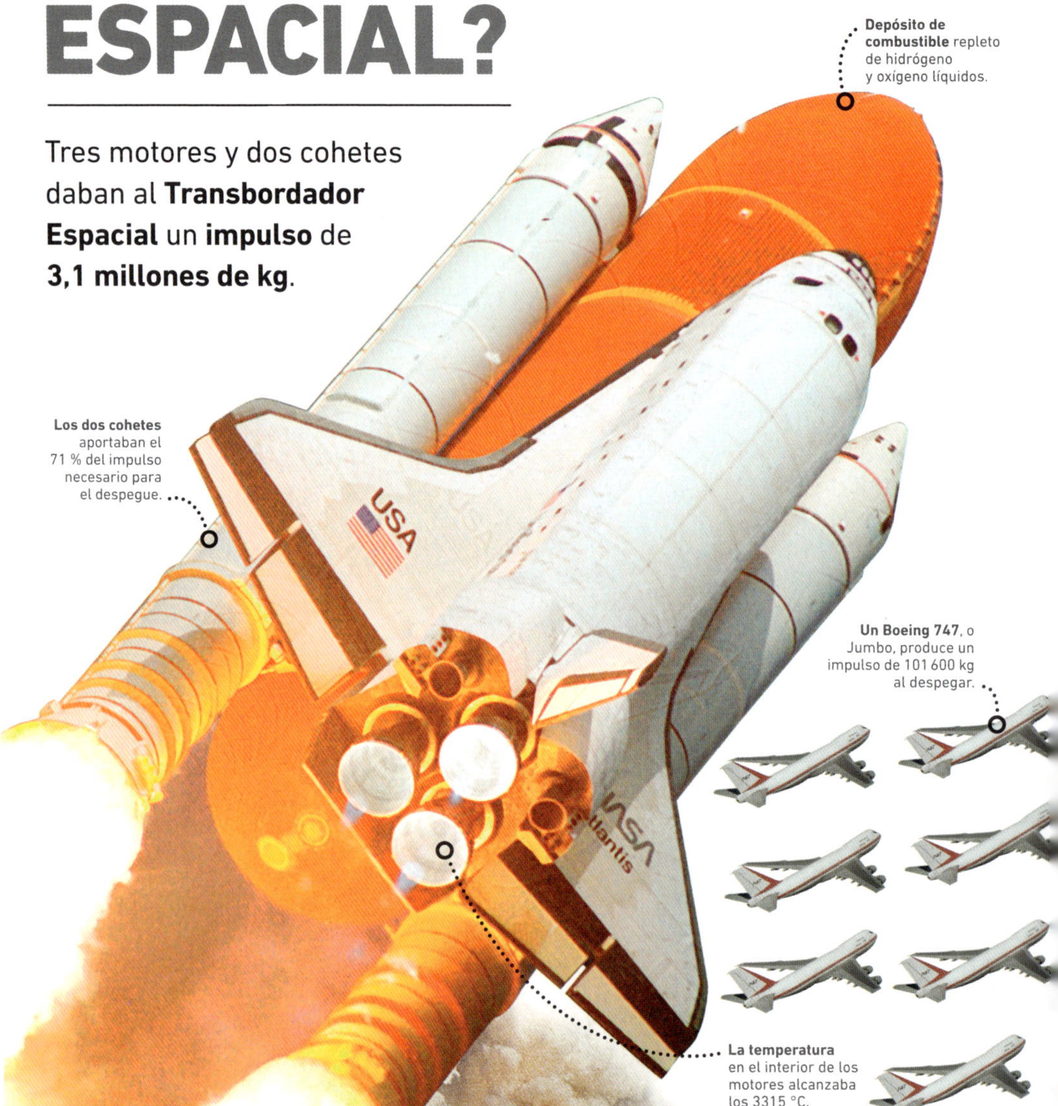

Depósito de combustible repleto de hidrógeno y oxígeno líquidos.

Los dos cohetes aportaban el 71 % del impulso necesario para el despegue.

Un Boeing 747, o Jumbo, produce un impulso de 101 600 kg al despegar.

La temperatura en el interior de los motores alcanzaba los 3315 °C.

LOS TRANSBORDADORES SE LLAMARON COMO ALGUNOS BARCOS DE EXPLORACIÓN: ATLANTIS, CHALLENGER, COLUMBIA, DISCOVERY Y ENDEAVOUR.

EL TRANSBORDADOR ESPACIAL ALCANZABA LA ÓRBITA DE LA TIERRA EN OCHO MINUTOS Y MEDIO.

DATOS

Los tres motores del Transbordador Espacial podían quemar el equivalente a 2,4 piscinas de combustible líquido en un minuto, o 3785 litros por segundo.

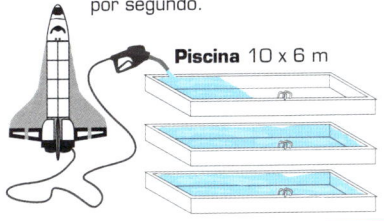

Piscina 10 x 6 m

Transbordador Espacial

Thrust SSC 1

El Transbordador Espacial tardaba casi 40 segundos en alcanzar los 1000 km/h. El coche-cohete Thrust SSC, que tiene el récord mundial de velocidad en tierra, lograba alcanzar esa velocidad en tan solo 16 segundos.

El **Transbordador Espacial tenía** la misma **potencia que** 31 Jumbos.

PESO PESADO

El Transbordador Espacial pesaba unas 2000 toneladas al despegar. La mayor parte de este peso correspondía a los cohetes y el combustible necesarios para superar la gravedad y entrar en órbita.

DE 1981 A 2011, LOS TRANSBORDADORES **ORBITARON** LA TIERRA MÁS DE 21 000 VECES.

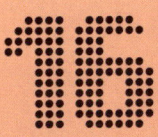

EL **PROGRAMA DEL TRANSBORDADOR ESPACIAL** HIZO VOLAR A 306 HOMBRES Y 49 MUJERES DE 16 PAÍSES.

¿CUÁN LEJOS HEMOS VIAJADO
EN EL ESPACIO?

En **1970**, la tripulación de la **misión lunar Apolo 13** alcanzó una distancia récord de **400 171 km de la Tierra**. Ese récord se batió en **2022**, cuando la **nave espacial Orión de la NASA** alcanzó la distancia de **435 000 km de la Tierra**.

3. Unas horas antes del amerizaje, el Módulo de Servicio se desprendió y la tripulación vio por primera vez el gran daño causado por la explosión.

4. El Módulo de Mando volvió a entrar en la atmósfera terrestre a 39 733 km/h.

El Módulo Lunar es la parte de la nave espacial diseñada para desprenderse en la órbita lunar y descender hasta la superficie de la Luna.

El Módulo de Mando acoge a la tripulación durante el viaje a la Luna.

El Módulo de Servicio contenía un motor de cohete, combustible, oxígeno y el suministro eléctrico.

DATOS

El Voyager 1 es el artefacto que más lejos ha llegado en el espacio. Se halla a 24 000 millones de km de la Tierra, y en 2012 fue la primera nave en abandonar el sistema solar.

Saturno

Urano   Neptuno

Plutón

Sistema solar

Tierra

Distancia
Las distancias en el sistema solar se miden en unidades astronómicas (UA). Una UA es la distancia entre la Tierra y el Sol.

LOS BAJOS NIVELES DE POTENCIA EN EL APOLO 13 CAUSARON UN DESCENSO DE LA TEMPERATURA A SOLO **10 °C**.

TRES **ASTRONAUTAS** SE HACINABAN EN LAS APOLO EN UN ESPACIO NO MÁS GRANDE QUE EL DE UNA FURGONETA.

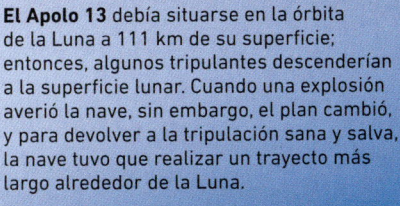

El Apolo 13 debía situarse en la órbita de la Luna a 111 km de su superficie; entonces, algunos tripulantes descenderían a la superficie lunar. Cuando una explosión averió la nave, sin embargo, el plan cambió, y para devolver a la tripulación sana y salva, la nave tuvo que realizar un trayecto más largo alrededor de la Luna.

2. El Apolo 13 voló 264 km más allá de la Luna antes de emprender el viaje de vuelta.

La **distancia** desde la **Tierra** alcanzada por el **Apolo 13** equivale a **10 vueltas** al **ecuador** terrestre.

1. La nave estaba a 329 000 km de la Tierra y llevaba 56 horas de vuelo cuando una explosión dañó las reservas de combustible, de electricidad y de oxígeno del Módulo de Servicio, y entonces hubo que anular la misión de alunizaje.

CONTROL DE MISIÓN

En el Módulo de Servicio del Apolo 13, un cortocircuito en un ventilador del tanque de oxígeno provocó que este se incendiase y explotase. Los controladores de misión en la Tierra decidieron usar la gravedad de la Luna para devolver la nave a casa.

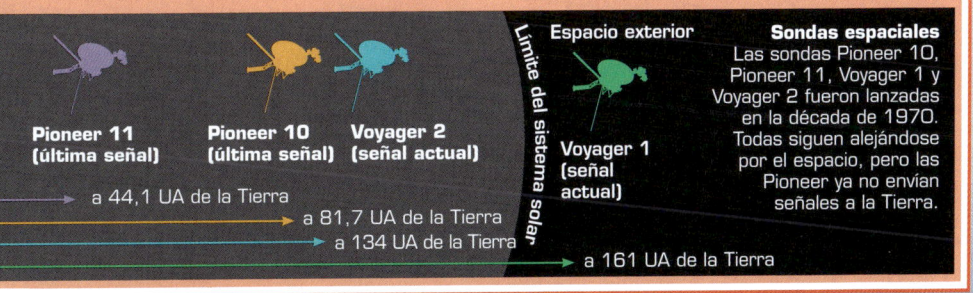

Pioneer 11 (última señal)

Pioneer 10 (última señal)

Voyager 2 (señal actual)

Límite del sistema solar

Espacio exterior

Voyager 1 (señal actual)

Sondas espaciales

Las sondas Pioneer 10, Pioneer 11, Voyager 1 y Voyager 2 fueron lanzadas en la década de 1970. Todas siguen alejándose por el espacio, pero las Pioneer ya no envían señales a la Tierra.

a 44,1 UA de la Tierra

a 81,7 UA de la Tierra

a 134 UA de la Tierra

a 161 UA de la Tierra

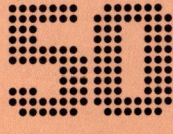

ORION PUEDE LLEVAR SEIS ASTRONAUTAS: EL MÓDULO DE LA TRIPULACIÓN ES UN 50 % MAYOR QUE EL DE LA NAVE APOLO.

LOS ORDENADORES DEL ORION SON **20 000 VECES** MÁS RÁPIDOS QUE LOS DEL APOLO.

¿CUÁL HA SIDO
EL MAYOR SALTO EN PARACAÍDAS?

El estadounidense **Alan Eustace** batió el récord en 2014 al saltar de un globo **a 41 419 m** sobre la Tierra.

Al borde del espacio, la presión atmosférica es menos del 2 % que a nivel del mar. Necesitarías un traje presurizado para evitar desmayarte durante la caída.

Pueden formarse cirros a alturas de hasta 14 000 m.

RÉCORD DE CAÍDA LIBRE DE 2012

El anterior poseedor del récord, el austriaco Felix Baumgartner, alcanzó una velocidad de 1358 km/h, y fue el primero en romper la barrera del sonido sin ayuda de un vehículo.

El salto fue de unas cuatro veces la altura de crucero de un avión de línea.

Los aviones de línea suelen volar a unos 10 000 m de altura.

La mayoría de los saltos en paracaídas se realizan a menos de 4300 m. Incluso a esa altura, la caída libre alcanza los 160 km/h.

EUSTACE TARDÓ ALGO MÁS DE **2 HORAS** EN ALCANZAR LA ALTURA DE 41 419 M.

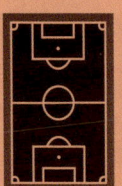

EL **GLOBO** MEDÍA 137 M DE ALTO, MÁS QUE LA LONGITUD DE UN CAMPO DE FÚTBOL.

Eustace viajó en un globo propulsado a gas.

Saltar desde la estratosfera es muy arriesgado. El aire allí es demasiado tenue para respirar, y Eustace solo podía llevar una provisión de aire para 15 minutos para el descenso. Se colgó del globo y utilizó un pequeño artefacto explosivo para liberarse cuando llegó al borde del espacio.

La estratosfera se halla sobre la troposfera y se extiende hasta unos 50 000 m de altura.

La troposfera, la capa más baja de la atmósfera, donde se producen la mayoría de los fenómenos meteorológicos, llega a los 12 000 m de altura.

Eustace recorrió en caída libre 37 616 m de distancia.

Tras abrir el paracaídas, Eustace aterrizó sano y salvo a unos 113 km del lugar de lanzamiento.

DATOS

Solo los aviones cohete pueden volar alto en la atmósfera, pues la falta de oxígeno impide funcionar a los reactores.

Estación Espacial Internacional
400 000 m

Nave espacial de pasajeros SpaceShipTwo
110 000 m

Avión cohete X-15
108 000 m

Avión de reacción SR-71 Blackbird
24 000 m

Avión de pasajeros
10 000 m

EL **TRAJE** DE EUSTACE SE CONFECCIONÓ PARA ÉL ESPECÍFICAMENTE, BASÁNDOSE EN LOS QUE USAN LOS ASTRONAUTAS.

EL DESCENSO, EN TOTAL, SE PROLONGÓ **15 MINUTOS**.

Transporte y maquinaria

EN LO PROFUNDO

490 m Profundidad de navegación del submarino nuclear USS Seawolf

610 m Inmersión de buceo en traje presurizado más profunda

332 m Inmersión de buceo más profunda

6500 m Máxima profundidad de inmersión del sumergible tripulado de la Armada de EE UU Alvin

Trieste

Limiting Factor

Deepsea Challenger

11030 m La sima Challenger; el punto más profundo del planeta, ha sido visitado tres veces: por el sumergible Trieste en 1960, por el Deepsea Challenger en 2012 y por el Limiting Factor en 2019.

SIGUE Y SIGUE Y SIGUE

En 2012, un coche Volvo construido en 1966 había recorrido

5,2 millones de km

una distancia que sería equivalente a cerca de **129 vueltas** al globo.

LAS MÁQUINAS MÁS GRANDES

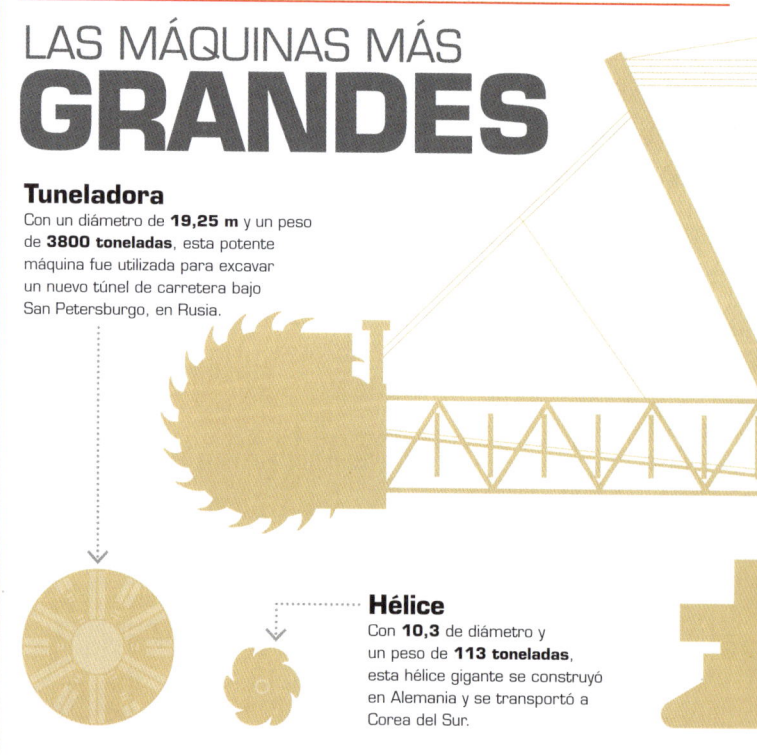

Tuneladora
Con un diámetro de **19,25 m** y un peso de **3800 toneladas**, esta potente máquina fue utilizada para excavar un nuevo túnel de carretera bajo San Petersburgo, en Rusia.

Hélice
Con **10,3** de diámetro y un peso de **113 toneladas**, esta hélice gigante se construyó en Alemania y se transportó a Corea del Sur.

EN EL MUNDO HAY 1000 MILLONES DE **BICICLETAS**, 450 MILLONES DE ESTAS EN CHINA.

EL **AUTOMÓVIL** MÁS CARO ES UN MERCEDES-BENZ 300 SLR UHLENHAUT DE 1955. SE VENDIÓ POR 145 MILLONES DE DÓLARES.

VUELOS DE PASAJEROS SIN ESCALAS MÁS **LARGOS**

18 HORAS, 45 MINUTOS

De Singapur a Newark (EE UU): **15 325 km**

18 HORAS, 50 MINUTOS

De Singapur a Nueva York (EE UU): **15 348 km**

EL TREN MÁS LARGO

El tren más largo tenía **682 vagones** y ocho locomotoras, y medía **7353 m** de largo, tanto como **8,8 Burj Khalifas** tumbados uno detrás de otro. Se usó una sola vez, en 2001, para cargar mineral de hierro en Australia.

LONGITUD TOTAL DE VÍAS FÉRREAS EN EL MUNDO

Más de **1 239 615 km:** más de tres veces la distancia de la Tierra a la Luna.

Los tres países con más vías de ferrocarril son EE UU, China y Rusia. Entre ellos tienen casi un tercio de todas las vías férreas del mundo.

EE UU: **224 792 km**

China: **121 000 km**

Rusia: **86 000 km**

Vehículo terrestre

La **Bagger 293**, una enorme excavadora usada en la industria minera alemana, mide **225 m** de largo, **96 m** de alto y pesa **14 200 toneladas**. Puede llenar 2400 vagones de carbón al día.

Humano

Animal

La ballena azul mide **30 m** de longitud.

EL METRO DE SHANGHÁI ES LA **RED FERROVIARIA MÁS LARGA** DEL MUNDO, CON 830 KM DE VÍAS Y 508 ESTACIONES.

EL **LUNAR ROVING VEHICLE**, DE LA NASA, FUE EL PRIMER VEHÍCULO TRIPULADO QUE EXPLORÓ LA LUNA EN 1971.

¿CUÁN PEQUEÑO ES EL
MENOR ORDENADOR?

Un **ordenador minúsculo**, más pequeño que un grano de arroz, puede **sacar fotos** y **registrar la temperatura y la presión atmosférica**. Es lo bastante pequeño como para **inyectarlo en el cuerpo** o **detectar bolsas de petróleo** en la roca.

DATOS

Los ordenadores son cada vez más y más pequeños. En 1993, para realizar 143 GFLOPS (143 000 millones de cálculos por segundo) se necesitaba un ordenador de 1,5 m de alto y 8 m de largo. Solo 20 años después, bastaban cuatro portátiles para superar dicho rendimiento.

La ley de Moore, propuesta por Gordon Moore, cofundador de Intel, sostiene que los ordenadores doblan su rendimiento cada dos años. De hecho, la velocidad media de los 500 ordenadores más rápidos del mundo aumentó más del doble cada dos años durante la década 2002-2012.

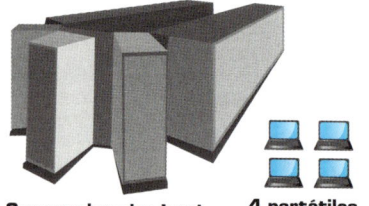

Superordenador Intel Paragon, 1993
143 GFLOPS

4 portátiles Intel i5, 2013
145 GFLOPS cada uno

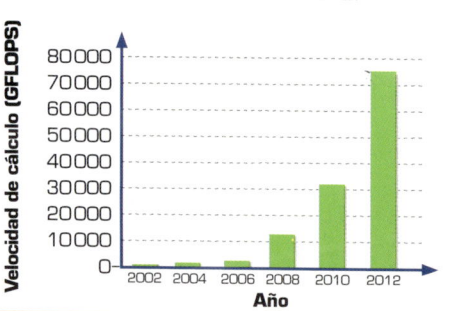

Velocidad de cálculo (GFLOPS): 80 000, 70 000, 60 000, 50 000, 40 000, 30 000, 20 000, 10 000, 0
Año: 2002 2004 2006 2008 2010 2012

MÁS DE LA MITAD DE LOS CORREOS ELECTRÓNICOS SON SPAM O BASURA Y NO SON ABIERTOS.

1958

EL PRIMER JUEGO DE ORDENADOR SE CREÓ EN 1958: DOS JUGADORES PULSABAN BOTONES PARA GOLPEAR UNA BOLA DE LUZ EN LA PANTALLA.

Este dispositivo en miniatura, llamado Michigan Micro Mote, podría tener multitud de usos. Además de insertarlo en el cuerpo para medir la temperatura o la presión o utilizarlo para encontrar petróleo, podría ayudarnos a evitar perder cosas. Pegándolo a las llaves o a la cartera, podríamos encontrarlas mediante un sistema central.

El ordenador no tiene batería, sino que utiliza la luz como fuente de energía. No es necesario que sea luz solar natural, por lo que el ordenador puede funcionar en interiores.

Harían falta unos 150 ordenadores como este para llenar un dedal.

MICROPROCESADORES

Los ordenadores se hicieron mucho más pequeños con la invención, en 1971, del microprocesador, el chip de silicio que es la unidad central de procesado de un ordenador. Cada microchip tiene un circuito eléctrico en miniatura impreso que año tras año disminuye de tamaño.

LA BARRA DEL ESPACIO ES LA **TECLA** QUE MÁS SE USA DEL TECLADO, SEGUIDA DE LA «E».

EN 1964, EL PRIMER **RATÓN DE ORDENADOR** ERA DE MADERA Y SOLO TENÍA UN BOTÓN.

¿CUÁNTOS LIBROS CABEN EN
UNA MEMORIA USB?

Una memoria USB de **un terabyte (TB)** puede almacenar el texto de **1 millón de libros**. Un terabyte es algo más de **un millón de megabytes** (MB) o más de **un billón de bytes**.

Una memoria USB pesa menos de 30 g, pero puede contener 1 TB de datos. La memoria se puede borrar y reprogramar miles de veces.

Una **memoria USB de 1 TB** puede almacenar hasta **un millón de libros de 200 páginas**.

DATOS

La Biblioteca del Congreso de EE UU, en Washington D.C., es la mayor biblioteca del mundo: contiene 35 millones de libros. Todo el texto de esos libros cabría en nueve discos duros de 4 TB.disks.

36 TB = **Biblioteca del Congreso de EE UU**

Los medios de almacenamiento de datos se vuelven más sofisticados año tras año. Cada nuevo dispositivo permite almacenar muchos más datos que el anterior, y además es más rápido, más pequeño y más duradero.

Disquete de 3,5"
1,44 MB

Disco Zip
100 MB

Memoria USB de 2 TB
2 TB

CD
700 MB

DVD
4,7 GB

Disco Blu-ray de doble capa
50 GB

LA MEMORIA USB SE LLAMA TAMBIÉN «MEMORIA FLASH»: UN INFORMÁTICO COMPARÓ EL BORRADO INSTANTÁNEO DE DATOS CON EL FLASH DE UNA CÁMARA.

LAS MEMORIAS USB NO TIENEN PIEZAS MÓVILES Y PUEDEN SEGUIR FUNCIONANDO SI SUFREN DAÑOS.

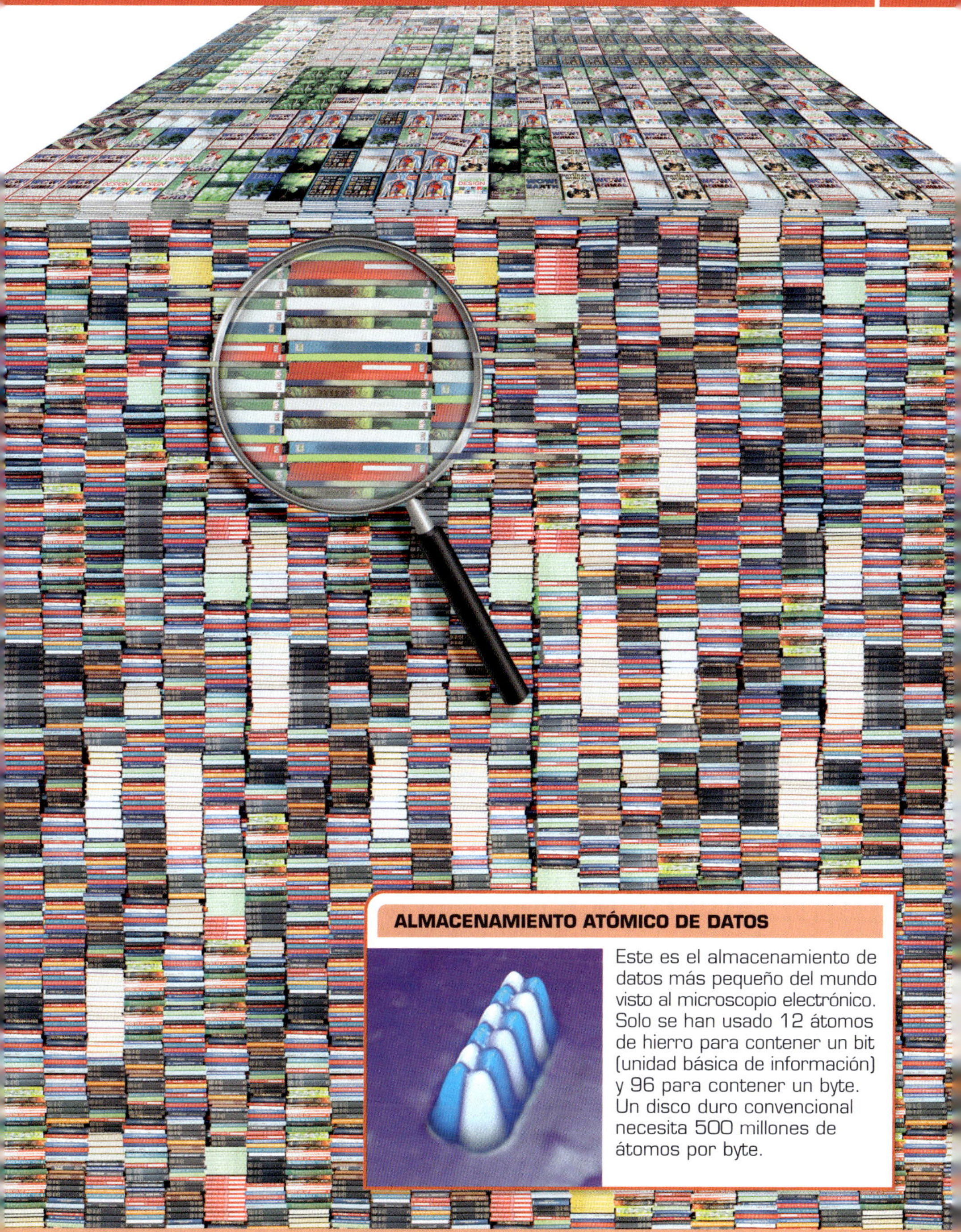

ALMACENAMIENTO ATÓMICO DE DATOS

Este es el almacenamiento de datos más pequeño del mundo visto al microscopio electrónico. Solo se han usado 12 átomos de hierro para contener un bit (unidad básica de información) y 96 para contener un byte. Un disco duro convencional necesita 500 millones de átomos por byte.

UNA MEMORIA USB PUEDE DURAR HASTA **100 000 USOS**, POR LO QUE EL USO EXCESIVO RARA VEZ ES UN PROBLEMA.

LAS MEMORIAS USB PUEDEN TENER CASI **CUALQUIER FORMA**: ABRIDOR DE BOTELLAS, LATA DE BEBIDA O UN LOGOTIPO DE EMPRESA.

Informática

EN MARCHA…

Los **teléfonos inteligentes** no solo sirven para llamar y hacer fotos. Disponen de una **serie de funciones de hardware y software** que se manejan a través de una pantalla táctil.

PUEDES…

 Navegar por internet

 Jugar

 Escuchar música

 Hacer pagos

… ¡Y MUCHO MÁS!

El primer teléfono inteligente, el **Simon de IBM**, salió a la venta en 1994. Pesaba 510 g, casi el triple que uno moderno. Podía enviar y recibir correos electrónicos y faxes, y disponía de agenda, libreta de direcciones, calculadora y bloc de notas.

WORLD WIDE WEB (WWW)

El informático **Tim Berners-Lee** creó el **primer sitio web** para la Organización Europea para la Investigación Nuclear (CERN). Inventó un sistema que permitía a los usuarios informáticos encontrar información haciendo **clic en un enlace**. ¡Hoy existen **miles de millones de páginas web**!

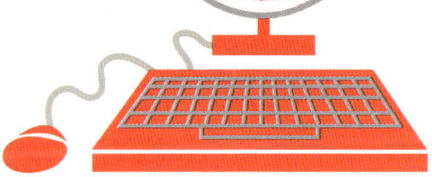

El **75%** de las personas no pasan de la primera página de los resultados de búsqueda.

SUPER ORDENADOR

Se necesitan casi **23 000 litros** de agua por minuto para refrigerar **Frontier**, el superordenador más rápido del mundo. Las bombas son tan potentes que podrían llenar una piscina olímpica en 30 minutos.

PORCENTAJE DE **POBLACIÓN ONLINE** POR CONTINENTE (2023)

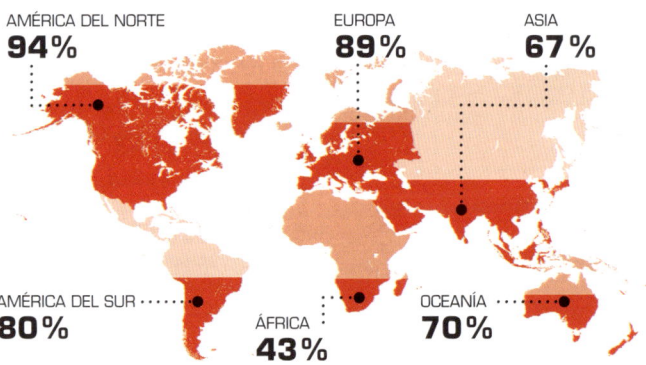

AMÉRICA DEL NORTE **94%**

EUROPA **89%**

ASIA **67%**

AMÉRICA DEL SUR **80%**

ÁFRICA **43%**

OCEANÍA **70%**

EN 1976, APPLE LANZÓ SU PRIMER PRODUCTO, UN ORDENADOR QUE SE LLAMABA **APPLE 1**.

LA PRIMERA WEB DE TIM BERNERS-LEE ERA: **HTTP://INFO.CERN.CH**. SE PUBLICÓ EL 6 DE AGOSTO DE 1991.

SUPERFICIE

ENIAC, el **primer ordenador electrónico**, del mundo, se construyó en 1946. Ocupaba **167 m²** y era capaz de llevar a cabo hasta **5000** cálculos por segundo.

El ordenador más rápido en la actualidad, **Frontier**, ocupa **678 m²** y realiza **2 billones** de cálculos por segundo.

ALUNIZAJE

El **ordenador** de a bordo de la nave espacial **Apolo 11**, que aterrizó en la Luna en 1969, solo tenía **72 kb** de memoria, de la cual solo **4 kb** eran RAM.

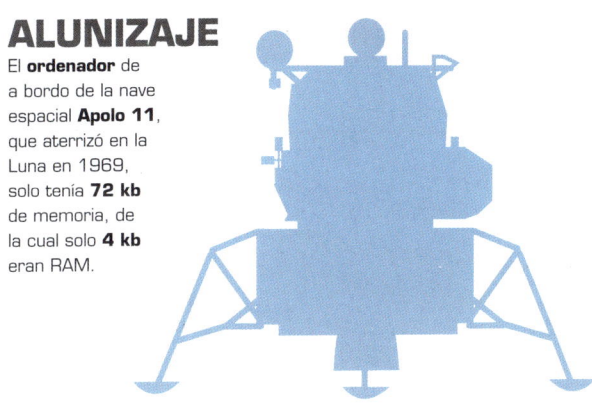

ORDENADOR *VS.*
HUMANO

Los ordenadores dotados de **inteligencia artificial (IA)** realizan tareas complicadas, entre ellas jugar al ajedrez. Incluso los mejores ajedrecistas humanos del mundo han sido derrotados por ordenadores de ajedrez.

El ordenador examina todas las jugadas posibles y los resultados probables.

El cerebro humano solo puede pensar en unos pocos movimientos a la vez.

El ordenador enumera todos los movimientos.

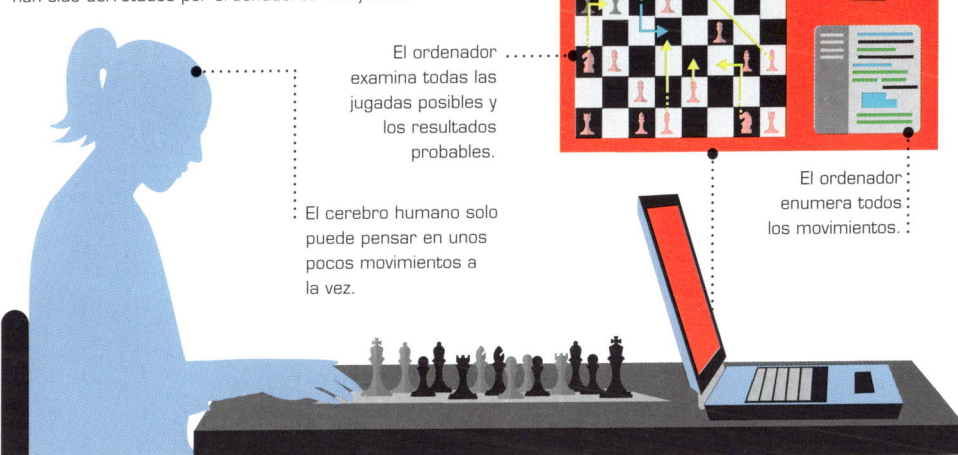

JUGADOR HUMANO DE AJEDREZ

ORDENADOR QUE JUEGA AL AJEDREZ

@ TIENES
UN E-MAIL

El primer **correo electrónico** lo envió el ingeniero Ray Tomlinson desde Cambridge (Massachusetts, EE UU) en **1971**.

PROGRAMADORA **PIONERA**

La **primera programadora informática** fue la matemática del siglo XIX **Ada Lovelace**, que vio que un ordenador podría seguir instrucciones (un algoritmo) para completar cálculos.

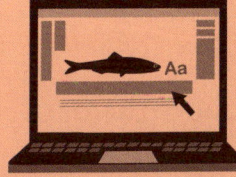

EN 2023, **GOOGLE.COM** FUE LA WEB MÁS VISITADA DEL MUNDO CON MÁS DE 94 000 MILLONES DE VISITAS MENSUALES.

DE PROMEDIO, UNA PERSONA PASA MÁS DE 6 HORAS AL DÍA FRENTE A UNA **PANTALLA**, SOBRE TODO DEL MÓVIL.

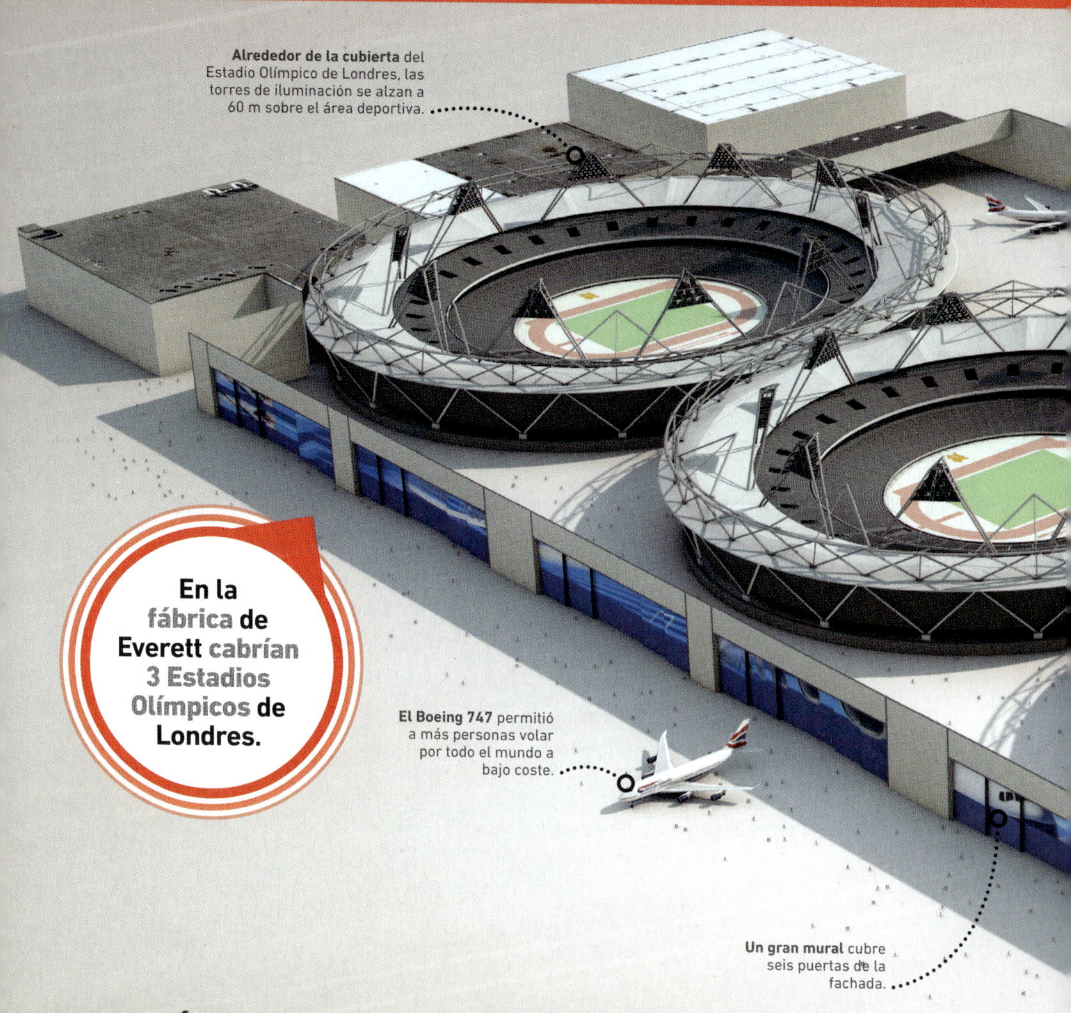

Alrededor de la cubierta del Estadio Olímpico de Londres, las torres de iluminación se alzan a 60 m sobre el área deportiva. ••••••

En la **fábrica** de **Everett** cabrían **3 Estadios Olímpicos** de **Londres.**

El Boeing 747 permitió a más personas volar por todo el mundo a bajo coste. ••••••

Un gran mural cubre seis puertas de la fachada. ••••••

¿CUÁN GRANDE ES EL
MAYOR EDIFICIO?

La **fábrica Boeing en Everett** (Seattle, EE UU), donde se ensamblan los aviones, tiene un **volumen de 13,4 millones de m³.**

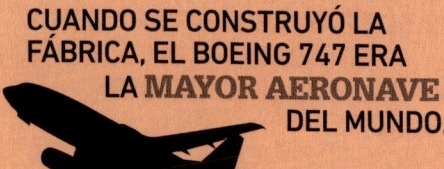

CUANDO SE CONSTRUYÓ LA FÁBRICA, EL BOEING 747 ERA **LA MAYOR AERONAVE** DEL MUNDO.

LA COLA DEL BOEING 747 ES TAN ALTA COMO UN **EDIFICIO DE SEIS PLANTAS.**

La fábrica de Everett es tan grande que dentro de ella cabrían 55 campos de fútbol o Disneylandia entera. Bajo la planta hay 3,7 km de túneles peatonales.

CADENA DE PRODUCCIÓN

En el diáfano espacio principal de la planta hay 12 aviones que están pendientes de pintar.

El **perímetro** del edificio mide 3,5 km.

DATOS

A cada Boeing 747 se le aplicaban aproximadamente 600 litros de pintura (unas 7,5 bañeras).

La fábrica de Everett es el mayor edificio en cuanto a volumen, pero otros ocupan un área mayor.

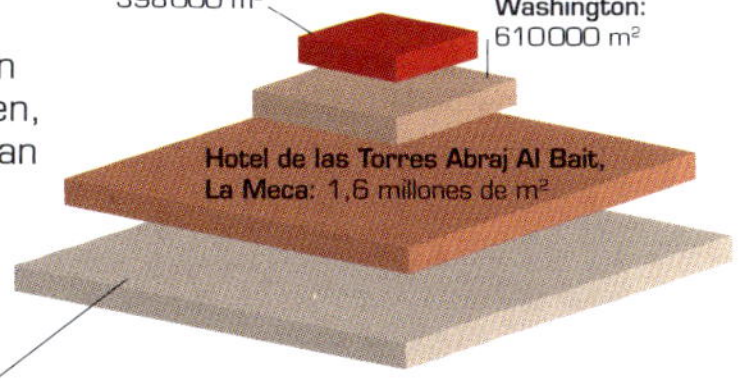

Fábrica de Everett, Seattle: 398 000 m²

Pentágono, Washington: 610 000 m²

Hotel de las Torres Abraj Al Bait, La Meca: 1,6 millones de m²

Aeropuerto Internacional de Dubái, Terminal 3: 1,71 millones de m²

LOS TRABAJADORES SE TRASLADAN POR EL INTERIOR DEL COMPLEJO EN UNAS 1300 BICICLETAS.

LAS SEIS PUERTAS LATERALES TIENEN UNA ALTURA DE 25 M Y SE TARDA 5 MINUTOS EN ABRIR UNA DE ELLAS.

DATOS

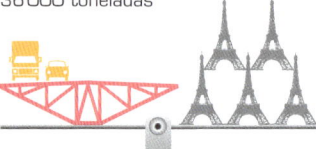

Plataforma del viaducto de Millau 36 000 toneladas

5 x Torres Eiffel

La plataforma de acero de este viaducto contiene suficiente acero como para construir cinco torres Eiffel. El puente se compone de 2200 secciones separadas que se fueron soldando en dos mitades, que luego se unieron acercándolas desde cada lado del valle.

Los cables más largos del viaducto son capaces de resistir el impulso de ocho aviones Boeing 747 a máxima potencia.

¿CUÁNTO MIDE EL PUENTE MÁS ALTO?

Por el viaducto de Millau pasa la carretera entre Montpellier y París. El puente, inaugurado en 2004, mide 2460 m de largo.

El **viaducto de Millau**, que salva el valle del **Tarn** en **Francia**, es el **puente más alto** del mundo. Su **pilar más alto** mide **343 m** desde la base, en el **suelo del valle**.

EL PUENTE MICÉNICO DE KAZARMA (*c.* 850 a. C.), EN TURQUÍA, SE CONSIDERA EL **MÁS ANTIGUO**.

EL PUENTE HONG KONG-ZHUHAI-MACAO, DE 55 KM, ES EL **MÁS LARGO** QUE CRUZA EL MAR.

El puente tiene siete pilares de distinta altura, cada uno de los cuales aguanta 11 pares de cables metálicos que sostienen la plataforma.

El Empire State mide 381 m hasta la cubierta. Si se alzara sobre el valle del Tarn, su cubierta sobresaldría tan solo 12 m del punto más alto del puente de Millau.

EL PUENTE MÁS LARGO

El puente más largo del mundo es el Gran Puente Danyang-Kunshan, en China, con una longitud de 164,8 km. Es parte de la línea de ferrocarril de alta velocidad que une Pekín con Shanghái, línea que incluye otros dos de los cinco puentes más largos del mundo.

El viaducto de Millau es casi tan alto como el Empire State.

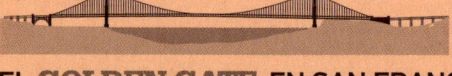

EL **GOLDEN GATE**, EN SAN FRANCISCO, CALIFORNIA, EE UU, ES EL PUENTE MÁS FOTOGRAFIADO DEL MUNDO.

EN ALGUNOS PAÍSES HAY **PUENTES VERDES** PARA QUE LOS ANIMALES PUEDAN CRUZAR LAS CARRETERAS.

DATOS

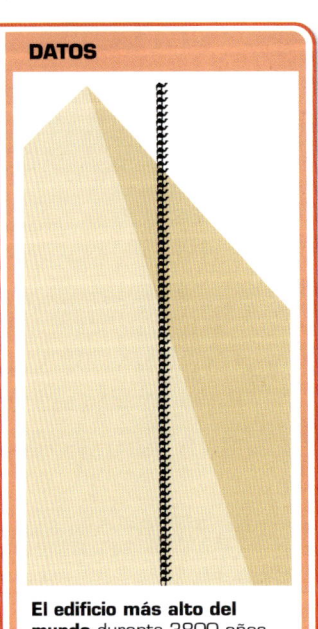

El edificio más alto del mundo durante 3800 años, la pirámide de Keops, mide 147 m de altura, tanto como 70 camellos apilados.

La mayor de las 2300000 piedras que forman la pirámide de Keops pesa unas 63 toneladas, tanto como 20 elefantes africanos juntos.

¿CUÁNTO PESA
LA PIRÁMIDE
DE KEOPS?

La **mayor de las pirámides de Guiza** (Egipto), uno de los edificios más antiguos, pesa **5 216 400 toneladas**.

La **pirámide de Keops pesa lo mismo que 16 Empire State.**

La pirámide de Keops es una construcción casi maciza de piedra caliza, cada uno de cuyos lados mide 227 m. Se construyó hacia 2560-2540 a.C. como tumba del faraón Keops.

DURANTE MÁS DE 20 AÑOS, UNOS 20 000 OBREROS **CONSTRUYERON** LA PIRÁMIDE DE KEOPS.

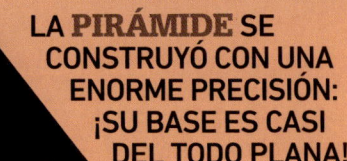

LA **PIRÁMIDE** SE CONSTRUYÓ CON UNA ENORME PRECISIÓN: ¡SU BASE ES CASI DEL TODO PLANA!

El Empire State tiene una estructura de acero cubierta de hormigón, ladrillo, piedra y vidrio. Tiene 102 pisos, destinados principalmente a oficinas.

Hasta la punta de su aguja, el Empire State mide 443 m de altura. Al terminarse en 1931, era el edificio más alto del mundo.

Para excavar los cimientos del Empire State, los obreros retiraron una cantidad de tierra que pesaba más que el propio edificio.

PIEDRA MACIZA

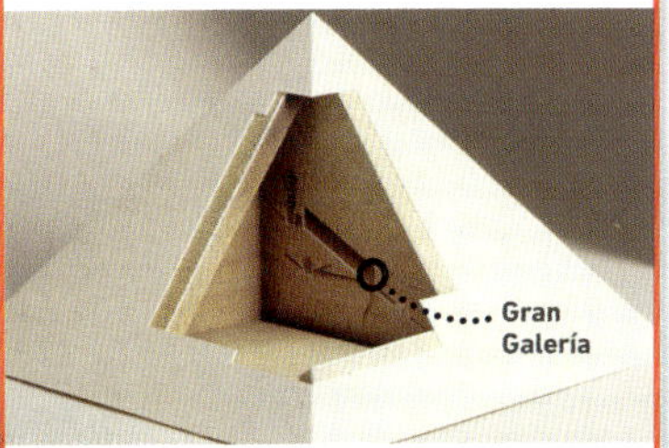

Gran Galería

La pirámide de Keops es casi maciza, salvo por sus pequeñas cámaras funerarias y pasadizos. El mayor de estos espacios, la Gran Galería, tiene tan solo 2 m de anchura.

PARA CONSTRUIR LA PIRÁMIDE DE KEOPS SE USARON MÁS DE 2,3 MILLONES DE BLOQUES DE PIEDRA.

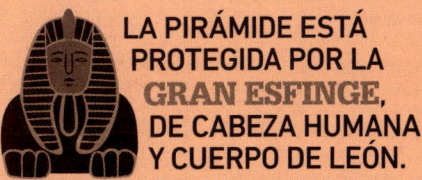

LA PIRÁMIDE ESTÁ PROTEGIDA POR LA GRAN ESFINGE, DE CABEZA HUMANA Y CUERPO DE LEÓN.

¿CUÁN PROFUNDO
PODEMOS CAVAR?

El **Pozo Superprofundo de Kola**, iniciado en 1970, es la **perforación más profunda** que se ha realizado. **En 1994**, cuando se abandonó el proyecto, tenía más de **12 km de profundidad**.

El centro de la Tierra está a 6371 km bajo la superficie. Un viaje hasta allí comenzaría atravesando entre 5 y 70 km de corteza. Luego vendría el manto, compuesto de roca densa, y más allá el núcleo externo, de metal líquido; cada una de estas capas tiene un grosor superior a los 2000 km. El núcleo interno es una bola sólida de hierro y níquel de 1278 km de diámetro.

Pozo
Superprofundo
de Kola (Rusia)
12 262 km

La perforación más profunda realizada no llegó a atravesar del todo la corteza terrestre.

Corteza

Manto

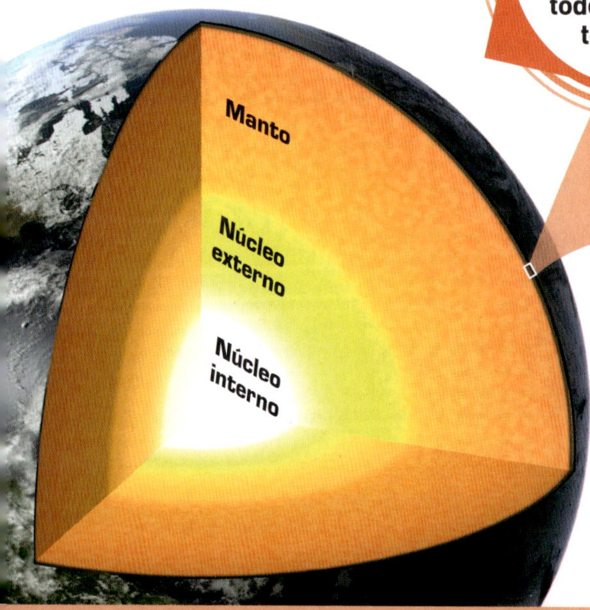

Manto

Núcleo externo

Núcleo interno

En la península de Kola, el límite entre la corteza terrestre y el manto se halla a una profundidad de unos 35 km.

PERFORAR UN POZO DE 23 CM HASTA UNA PROFUNDIDAD DE 12 262 KM LLEVÓ CASI **20 AÑOS**.

LA PERFORACIÓN ES UNAS **15 VECES** LA ALTURA DEL EDIFICIO MÁS ALTO: EL BURJ KHALIFA DE DUBÁI.

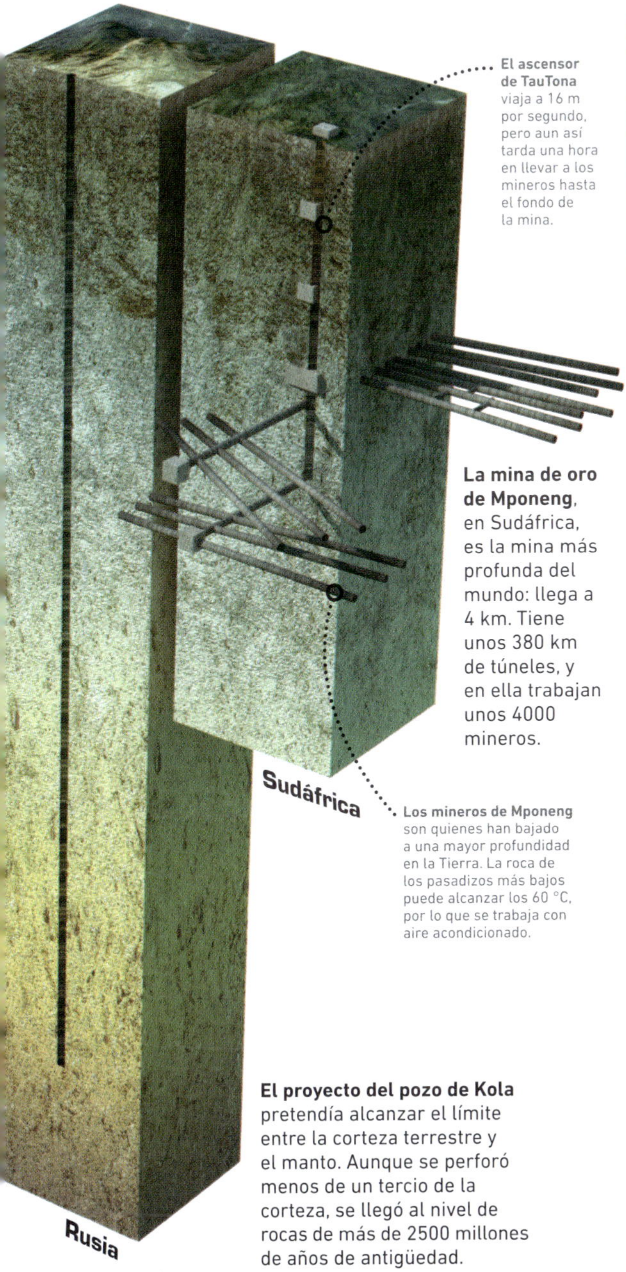

El ascensor de TauTona viaja a 16 m por segundo, pero aun así tarda una hora en llevar a los mineros hasta el fondo de la mina.

La mina de oro de Mponeng, en Sudáfrica, es la mina más profunda del mundo: llega a 4 km. Tiene unos 380 km de túneles, y en ella trabajan unos 4000 mineros.

Sudáfrica

Los mineros de Mponeng son quienes han bajado a una mayor profundidad en la Tierra. La roca de los pasadizos más bajos puede alcanzar los 60 °C, por lo que se trabaja con aire acondicionado.

El proyecto del pozo de Kola pretendía alcanzar el límite entre la corteza terrestre y el manto. Aunque se perforó menos de un tercio de la corteza, se llegó al nivel de rocas de más de 2500 millones de años de antigüedad.

Rusia

DATOS

Pozo petrolífero

Mar de Ojotsk

El pozo de Kola sigue siendo el más profundo del mundo, pero ya no es el más largo. En 2012, Exxon abrió un pozo de 12376 m de longitud; parte de él discurre horizontalmente, por eso no es tan profundo.

Estación de Vostok

Capa de hielo   **Lago Vostok**

Roca madre

En 1989, varios científicos rusos pusieron en marcha el proyecto de perforar 3 km de hielo antártico a fin de alcanzar el lago Vostok, un lago de agua dulce sellado bajo el hielo desde hace más de 15 millones de años. En 2012 alcanzaron su objetivo.

Corteza continental

Corteza oceánica

Manto superior

En el océano, frente a Costa Rica, donde la corteza terrestre es especialmente delgada (menos de 5,5 km), los científicos estuvieron a punto de atravesarla. La corteza oceánica es siempre más fina que la continental, que tiene entre 25 y 70 km de profundidad.

EL TRABAJO SE DETUVO AL ALCANZARSE UNAS TEMPERATURAS DE 180 °C, LO QUE HABRÍA FUNDIDO EL EQUIPO.

LOS LUGAREÑOS LO LLAMAN «POZO DEL INFIERNO» Y ESTÁ CERRADO POR UNA TAPA METÁLICA.

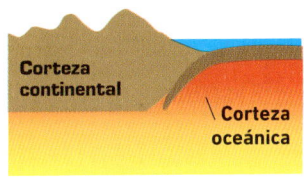

¿CUÁNTO ORO HAY EN EL PLANETA?

Los expertos estiman que, **desde la antigüedad hasta hoy**, tan **solo** se han **extraído 171 300 toneladas** de oro del suelo.

Una bola de oro del diámetro de una pista de tenis puede no parecer suficientemente grande como para pesar 171 300 toneladas, pero es que el oro es un metal muy pesado. Dos ladrillos de construcción de oro macizo pesarían tanto como una persona adulta.

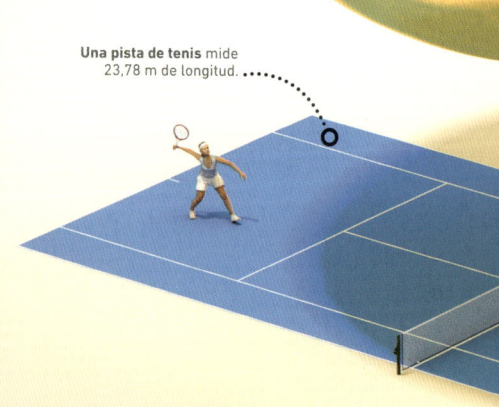

Una pista de tenis mide 23,78 m de longitud.

PEPITAS DE ORO

Son trozos de oro formados naturalmente. Si bien suelen ser pequeñas, hay algunas excepciones. En el estante superior se expone una imitación de la pepita Welcome Stranger, hallada en Australia en 1869, que pesaba unos 78 kg.

EN LA ANTIGÜEDAD, LOS ARTISTAS USABAN ORO MOLIDO PARA HACER PINTURA DORADA.

LOS INCAS CREÍAN QUE EL ORO ERA EL SUDOR DEL SOL Y LO CONSIDERABAN SAGRADO.

Esta bola puede parecer mucho oro, pero no es tanto si se piensa que se trata de todo el oro extraído en la Tierra desde el principio de la historia. ¡Cada día se produce en el mundo hierro suficiente para hacer 40 bolas del mismo tamaño!

Todo el oro extraído hasta hoy formaría una bola maciza de 24 m de diámetro.

DATOS

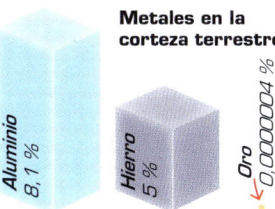

Metales en la corteza terrestre

Aluminio 8,1 %

Hierro 5 %

Oro 0,000004 %

El oro es mucho más raro que el hierro o el aluminio, que abundan en la corteza terrestre. El oro resulta tan valioso por su rareza, pero también porque ni se oxida ni pierde lustre.

Oro que queda en el suelo

Oro extraído

Ya se ha extraído un 80 % del oro recuperable de la Tierra. Con la tecnología actual, únicamente se podrían extraer 46 000 toneladas del oro que queda en el suelo.

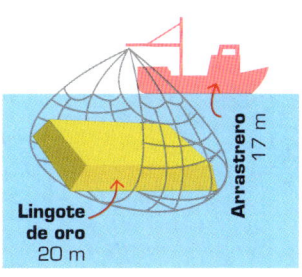

Arrastrero 17 m

Lingote de oro 20 m

El agua del mar contiene oro disuelto. De hecho, en los océanos del mundo podría haber hasta 15 000 toneladas de oro. Si pudiera extraerse, formaría un lingote de 20 x 10 x 4 m.

LAS MONEDAS MÁS ANTIGUAS SE FABRICARON CON ELECTRO, ALEACIÓN DE ORO Y PLATA.

EL VISOR DE LOS ASTRONAUTAS TIENE UNA FINA LÁMINA DE ORO QUE REFLEJA EL RESPLANDOR DEL SOL.

Construcciones

MAYORES CIUDADES POR POBLACIÓN

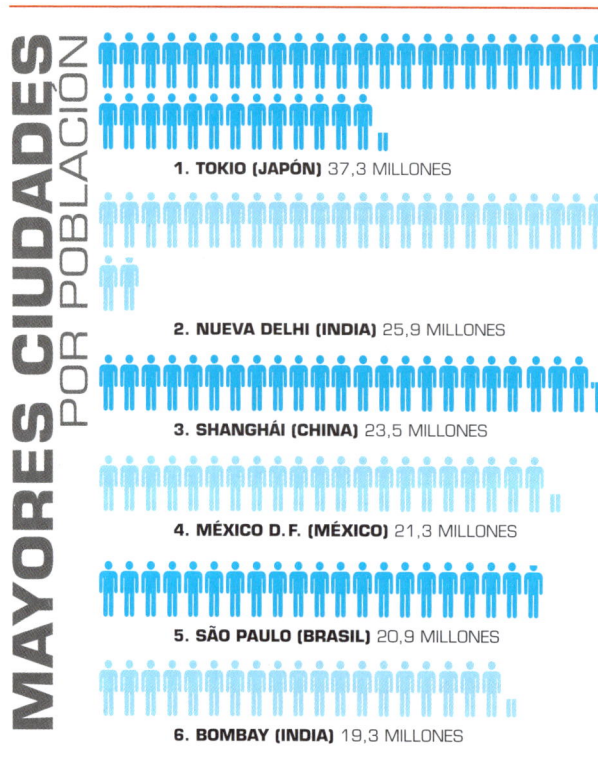

1. TOKIO (JAPÓN) 37,3 MILLONES

2. NUEVA DELHI (INDIA) 25,9 MILLONES

3. SHANGHÁI (CHINA) 23,5 MILLONES

4. MÉXICO D. F. (MÉXICO) 21,3 MILLONES

5. SÃO PAULO (BRASIL) 20,9 MILLONES

6. BOMBAY (INDIA) 19,3 MILLONES

ASCENSOR VELOZ

El ascensor más rápido del mundo se halla en China, en la torre central de Shanghái, y puede moverse a

1080 m

por minuto, esto es, casi 65 km/h.

LA ESCUELA MÁS GRANDE

City Montessori
Lucknow (India).

Con **1050 aulas** repartidas en **20 campus** por la ciudad educativa, tiene unos **51 000 alumnos** de edades entre los **3** y los **17** años.

PUENTES VIARIOS MÁS L A R

EL BAWABET DIMASHQ, DE DAMASCO (SIRIA), ES EL **RESTAURANTE** MÁS GRANDE, CON CAPACIDAD PARA MÁS DE 6000 COMENSALES.

LA **ESTATUA** MÁS ALTA DEL MUNDO ES LA ESTATUA DE LA UNIDAD DE GUJARAT (INDIA), DE 182 M DE ALTURA.

ASENTAMIENTOS **MÁS AL NORTE**

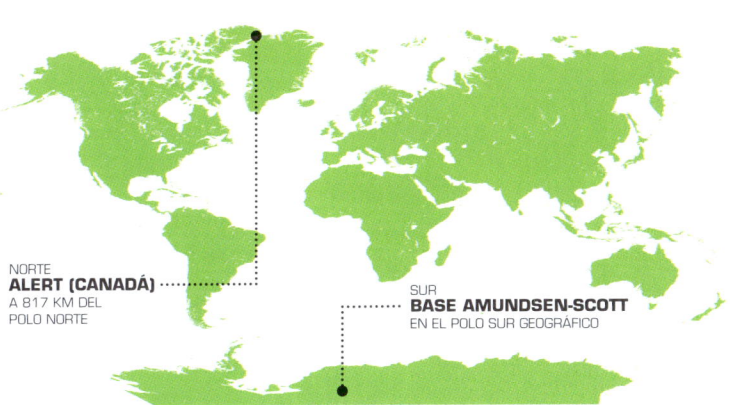

NORTE
ALERT (CANADÁ)
A 817 KM DEL
POLO NORTE

SUR
BASE AMUNDSEN-SCOTT
EN EL POLO SUR GEOGRÁFICO

Y **MÁS AL SUR** DEL MUNDO

MAYOR COMERCIO

Shinsegae Centumcity
Busan (Corea del Sur)

Estos grandes almacenes cuentan
con **18 plantas** y una superficie
total de **293 904 m²**, lo que equivale
a más de **40 campos de fútbol**.

TUNELES MÁS LARGOS

TÚNEL CONTINUO MÁS LARGO
ACUEDUCTO DE DELAWARE, EE UU
137 KM

TÚNEL SUBMARINO MÁS LARGO
TÚNEL SEIKAN, JAPÓN
54 KM
A **240 M** DE PROFUNDIDAD

TÚNEL DE CARRETERA MÁS LARGO
TÚNEL DE LAERDAL, NORUEGA
25 KM

G O S DEL MUNDO

1. BANG NA EXPRESSWAY (TAILANDIA)
54 000 M

2. PUENTE DE LA BAHÍA DE QINGDAO (CHINA)
41 580 M

3. CALZADA DEL LAGO PONTCHARTRAIN (EE UU)
38 442 M

CIUDADES MÁS
ALTAS

CIUDAD MÁS ALTA
LA RINCONADA
PERÚ
5100 M
SOBRE EL NIVEL
DEL MAR

CAPITAL MÁS ALTA
LA PAZ
BOLIVIA
3640 M
SOBRE EL NIVEL
DEL MAR

CAPITAL MÁS BAJA
BAKÚ
AZERBAIYÁN
28 M
BAJO EL NIVEL
DEL MAR

NIVEL DEL MAR

CIUDAD MÁS BAJA
JERICÓ
CISJORDANIA
260 M
BAJO EL NIVEL
DEL MAR

Y MÁS
BAJAS

LAS **PUERTAS** MÁS
GRANDES DEL MUNDO, DEL
EDIFICIO DE ENSAMBLAJE
DE VEHÍCULOS DE LA NASA
EN FLORIDA (EE UU), MIDEN
139 M DE ALTURA.

LA NIESEN
TREPPENLAUF (SUIZA)
ES LA **ESCALERA**
MÁS LARGA, CON
11 674 ESCALONES.

ÍNDICE

AGRADECIMIENTOS

Dorling Kindersley quiere expresar su agradecimiento a: Scarlett O'Hara por la revisión de los textos; Carron Brown por la indexación; Oliver Brown por su asistencia editorial y textos adicionales; Steve Hoffman por la verificación de los datos; Astha Singh, Abhimanyu Adhikary y Adarsh Tripathi por su asistencia de diseño; Vikram Singh por el retoque creativo; y Deepak Negi y Manpreet Kaur por su asistencia en la documentación iconográfica.

Los editores desean agradecer a las siguientes personas e instituciones el permiso para reproducir sus imágenes:

(Clave de las abreviaturas:
a-arriba; b-abajo; c-centro; e-extremo; i-izquierda; d-derecha; s-superior)

2 Corbis: STScI / NASA (sd). 3 Corbis: National Geographic Society / Richard Nowitz (si); Michele Westmorland (sc). Dreamstime.com: Pictac (bi); Haider Yousuf (sd). 4-5 Corbis: STScI / NASA. 6-7 Alan Friedman / avertedimagination. com: (c). 6 Institute for Solar Physics: SST / Göran Scharmer / Mats Löfdahl (bi). 7 NASA: GSFC / F. Espenak (ci/ reproducida cinco veces). 8 NASA: Hinode / XRT (cib). 9 Dreamstime. com: Elisanth (cda/reproducida cuatro veces, cd/lunas); Stanalin (sd, cdb, cd). 10-11 Pascal Henry, www.lesud.com. 10 NASA: (cib). 12-13 Science Photo Library: Mark Garlick. 12 Dorling Kindersley: London Planetarium (eci). Dreamstime.com: Elisanth (ci). 13 NASA: (bc). 14 Dreamstime.com: Mmeeds (cib). 16 NASA: ESA y H. Hammel, MIT (cib). 18 Dreamstime. 20 Dreamstime.com: Bruno Metal (bc). com: Jabiru (bii). 22 NASA: ESA, J. Hester, A. Loll (ASU) (si). 24 NASA: CXC / SAO / F. Seward (sc). 27 NASA Goddard Space Flight Center: Tom Zagwodzki (sd). 28 NASA: (bi). 28-29 Science Photo Library: Chis Butler (c). 29 ESA / Hubble: S. Beckwith (STScI) and the HUDF Team (bd). Getty Images: Azem Ramadani (si). Science Photo Library: Mark Garlick (cd). 32-33 Corbis: National Geographic Society / Richard Nowitz. 34 123RF.com: Igor Dolgov (bc). 35 NASA: Visible Earth / Jeff Schmaltz (cd). 37 Dreamstime. com: Asdf_1 (sc). 38 Dreamstime.com: Ericsch (bi). 39 Shutterstock.com: Petr Born (bi). 40 Dreamstime.com: Maxwell de Araújo Rodrigues (cia/ reproducida siete veces). 41 Getty Images: National Geographic (ci). 42 Corbis: Galen Rowell (bi). 44 NASA: JPL / University of Arizona (cib). 46 Corbis: Arctic-Images (cib). 48 Corbis: Charles & Josette Lenars (bc). 49 Getty Images: Mike Copeland (cdb). 50-51 Getty Images: National Geographic. 52 Getty Images: Paul Souders (cib). 54 Corbis: Science Faction / Norbert Wu (cib). 57 Corbis: Nippon News / Aflo / Newspaper / Mainichi (db).

58 Getty Images: Paul Souders (bi). 60 NSIDC: USGS, W. O. Field (1941) y B. F. Molnia (2004) (cib). 61 Dreamstime.com: Maxwell de Araújo Rodrigues (cd/reproducida cinco veces). 63 Dreamstime.com: Elina Yakhontova (bc). 64 Getty Images: Katsumasa Iwasawa (si). 64-65 Dreamstime.com: Stockshoppe (c). 65 Dreamstime.com: Laraslk (cdb). 66 Corbis: Visuals Unlimited (c). 67 Dreamstime.com: Pictac (bc). 70 Getty Images: (bi). 70-71 Getty Images: Hulton Archive. 72 Corbis: Ocean (cib). 72-73 Corbis: Ikon Images / Jurgen Ziewe (c). 74-75 Corbis: Michele Westmorland. 76 Corbis: TempSport / Jerome Prevost (ci). Dreamstime.com: Alexandr Mitiuc (cib, bc, bd). 76-77 Dorling Kindersley: Zygote Media Group (c). 77 Dreamstime.com: Alexandr Mitiuc (bi, bc, cdb). 78 Getty Images: Vince Michaels (bd). Science Photo Library: GJLP / CNRI (cib). 79 Corbis: 3d4Medical.com (bi). 80 Corbis: Science Photo Library / Steve Gschmeissner (ci). 83 Shutterstock. com: Granate Art (ci). 84 Corbis: Visuals Unlimited (cib). 85 Corbis: Minden Pictures / Flip Nicklin (bc). Dorling Kindersley: Natural History Museum, Londres (bi). 88 naturepl. com: Doc White (sc). 90 Dorling Kindersley: Bedrock Studios (sc). Dreamstime.com: Ibrahimyogurtcu (bc). 90-91 Dorling Kindersley: Andrew Kerr (c). 92-93 Dorling Kindersley: Andrew Kerr (c). 93 Dorling Kindersley: Jon Hughes y Russell Gooday (cd). 94 Science Photo Library: Peter Chadwick (cd). 96-97 Science Photo Library: Chistian Darkin. 98 Paul Nylander, http:// bugman123.com. 99 Alamy Images: Michal Cerny (sc). 100 Alamy Images: Louise Murray (cib). 102-103 Dreamstime.com: Bruce Crandall (c). 104 Alamy Images: Kevin Elsby (s). 105 Alamy Images: Rolf Nussbaumer Photography (sd). 105 naturepl.com: Karine Aigner (ci). Dreamstime.com: Pictac (s). 107 Dorling Kindersley: Natural History Museum, Londres (sd). 108 Dreamstime.com: Nilanjan Bhattacharya (bc). Otorohanga Zoological Society (1980): (bi). 110 Dr. Avishai Teicher: (cib). 110 Dreamstime.com: Nostone (bi). 112 Alaska Fisheries Science Center, NOAA Fisheries Service: (cdb). Pearson Asset Library: Lord y Leverett / Pearson Education Ltd. (cb). Dreamstime.com: John Anderson (ci); Ispace (ebi, bi, bc, bd, ebd). 113 Dreamstime.com: Ispace (bi, bc, bd). Photoshot: NHPA / Paul Kay (cb). 116 Getty Images: José Luis Peláez Inc. (c); Visuals Unlimited, Inc. / Joe McDonald (cb). 117 Corbis: Minden Pictures / Suzi Eszterhas (b). 118 Corbis: imagebroker / Konrad Wothe (cb). Dreamstime.com: Juri Bizgajmer

(b/reproducida cuatro veces). Getty Images: Joe McDonald (ci). 119 Corbis: Wally McNamee (ecib); Robert Harding World Imagery / Thorsten Milse (cib). Dreamstime.com: Juri Bizgajmer (b/reproducida tres veces). Getty Images: Daniel J. Cox (cib). 120 Science Photo Library: Jim Zipp (bc). 120-121 Alamy Images: Matthew Clarke. 122-123 Alamy Images: Transtock Inc. (c). 123 Corbis: Paul Souders (cib). Dreamstime.com: F9photos (si). Getty Images: Ronald C. Modra (bi). 124 Alamy Images: Bluegreen Pictures / David Shale (cib). Corbis: Wim van Egmond (cdb). Dreamstime.com: Ferdericb (ca). naturepl.com: David Shale (cd). 125 Dorling Kindersley: Dolphin Research Center, Grassy Key, Florida, www. dolphins.org (ca); Natural History Museum, Londres (ci, cb). Getty Images: AFP (cia). 126 Alamy Images: Duncan Usher (ci). Dreamstime.com: Isselee (bd). 128 Dreamstime.com: Georgii Dolgykh (cib); Jezper (si); Goce Risteski (ci). 130-131 Dreamstime. com: Haider Yousuf. 132 Corbis: epa / ULI DECK (bc); Transtock (cib). Dreamstime.com: Raja Rc (c). Getty Images: Bill Pugliano (cia). 132-133 Corbis: Chis Crisman. 133 Corbis: Icon SMI / J. Neil Prather (c). 134-135 Alstom Transport: P. Sautelet (c). Corbis: Imaginechina (cd). 134 Alamy Images: Sagaphoto.com / Gautier Stephane (c). Getty Images: SSPL (ci). 136 Corbis: George Hall (s). 136-137 Getty Images: Marvin E. Newman (c). 137 Alamy Images: LM (cdb). NASA: (b). 138 Alamy Images: DIZ Muenchen GmbH, Süddeutsche Zeitung Photo (c). Dreamstime.com: Brutusman (cib). 139 Dreamstime.com: Rui Matos (ci). 140-141 Getty Images: AFP / MARCEL MOCHET. 140 Getty Images: Bryn Lennon (b). 143 Dreamstime.com: Richard Koele (b). Alamy Stock Photo: Newzulu (cib). 144 123RF.com: 3ddock (cib). Dreamstime.com: Chernetskiy (b/reproducida dos veces). 144-145 A. P. Moller/Maersk: (c). 145 Dockwise: (sd). 146 Alamy Images: Dennis Hallinan (c). 147 Corbis: Morton Beebe (c/Boeing). NASA: (bd). 149 NASA: (cib). 150 Science Photo Library: Ria Novosti (cib). 154-155 Corbis: Science Faction / Louie Psihoyos (dedo). 155 University of Michigan: Martin Vloet (c). Alamy Images: David J. Green (cdb). 156 Dreamstime.com: Marekp (cs). 157 Sebastian Loth, CFEL Hamburg, Germany: (bd). 162-163 Getty Images: Charles Bowman (c). 163 Getty Images: Edward L. Zhao (sd). 168 Alamy Images: Giffard Stock (cib). 169 Getty Images / iStock: ioanmasay (bi).

Resto de las imágenes
© Dorling Kindersley
Para información adicional ver:
www.dkimages.com